GRIECHISCHE VOLKSMÄRCHEN
II

Für Artemi,
die unvergessen blieb

GRIECHISCHE VOLKSMÄRCHEN
II

Neu erzählt von Menelaos Stefanides
Illustrationen von Fotini Stefanidi

Übersetzung
Christina Tell

☙

SIGMA

GRIECHISCHE VOLKSMÄRCHEN II

ISBN: 960-425-085-x

© 2002 Verlag Sigma
Die Märchen sind Originalfassungen.
Ein Nachdruck der Texte und Illustrationen ist ohne
Genehmigung der geistigen Urheber nicht gestattet.
Gestaltung Dimitris Stefanides.

PUBLISHED AND PRINTED IN GREECE

Mavromichali Str. 20, Tel.3607667, Fax 3638941
GR-106 80 ATHEN, GRIECHENLAND
www.sigmabooks.gr e-mail: sbooks@otenet.gr

INHALT

Drei Ratschläge

s war einmal ein armer Mann, der hieß Antonis und lebte mit seiner Frau und seinem Kind, einem Jungen von zehn Jahren, in einem kleinen Dorf. Ihre Not war aber so groß, dass er eines Tages beschloss, in die Fremde zu ziehen.

„Das ist kein Leben hier", sagte Antonis zu seiner Frau. „Ich will nach Konstantinopel gehen und mir dort Arbeit suchen. Wenn ich etwas Geld verdient habe, komme ich zurück. Dann werden wir es gut haben."

„Geh nur, aber vergiss uns nicht", entgegnete die

Frau, und schon am nächsten Tag verabschiedete sich Antonis von den beiden, die ihm mit Tränen in den Augen nachwinkten.

Als er in die große Stadt kam, konnte er lange keine Arbeit finden. Schließlich stellte ihn ein geiziger Herr als Diener ein.

„Ich werde dich bezahlen, wenn deine Zeit um ist", kündigte er ihm an, „so kannst du wenigstens kein Geld ausgeben." Und dem armen Antonis blieb nichts anderes übrig, als einzuwilligen.

Er versah seinen Dienst mit großem Eifer, und obwohl er kein Geld bekam, verlor er niemals die Geduld. Zehn Jahre vergingen auf diese Weise, dann wollte Antonis nach Hause und bat um seinen Lohn.

Sein Herr grübelte lange darüber nach, was er ihm geben sollte.

„Hundert Goldstücke, nein, das wäre übertrieben", dachte er, „wenn man es sich recht bedenkt, sind

auch fünfzig noch zu viel. Ich werde ihm zwanzig geben. Doch was hat er schon groß getan? Zehn tun es auch." Am Ende nahm er fünf Goldstücke aus seinem Beutel, von denen er Antonis drei gab.

"Ist das alles?", flüsterte der arme Kerl.

"Mehr war deine Arbeit nicht wert", erwiderte der vornehme Herr. "Wenn es dir zu wenig erscheint, dann bleib noch zehn Jahre bei mir, und ich gebe dir sechs Goldstücke."

Doch auch sechs Goldstücke waren noch viel zu wenig und zehn Jahre eine so lange Zeit, dass Antonis das Geld nahm und die Stadt verließ.

Unterwegs traf er einen weißhaarigen alten Mann.

"Gib mir ein Goldstück", sagte er zu Antonis, "und du bekommst dafür einen guten Rat."

Antonis dachte eine Weile nach und kam zu dem Schluss, dass er mit drei Goldstücken ein armer Mann war und mit zweien ebenfalls. Er streckte dem Alten ein Goldstück hin, und dieser sprach:

„*Frage niemals nach Dingen, die dich nichts angehen.*‘ Das ist mein erster Rat." Und er fügte hinzu: „Für ein weiteres Goldstück bekommst du einen zweiten Rat, der noch wertvoller ist als der erste."

„Mit zwei Goldstücken bin ich ein armer Mann und mit einem ebenfalls", dachte Antonis und gab dem Alten, was er verlangte.

„*Weiche niemals von dem Weg ab, den du einmal eingeschlagen hast.*‘ Das ist mein zweiter Rat. Ich weiß auch noch einen dritten Rat, der dir viel mehr nützen wird als der zweite. Wenn du ihn hören willst, gib mir abermals ein Goldstück."

„Was soll ich mit einem einzigen Goldstück anfangen", dachte Antonis und gab dem alten Mann sein letztes Geld.

„*Wenn dich am Abend der Zorn übermannt, unternimm niemals etwas vor dem nächsten Morgen.*‘ Das war mein letzter Rat."

Der arme Antonis setzte seinen Weg fort, doch

seine Gedanken kreisten noch lange um die drei Goldstücke.

„Habe ich es richtig gemacht oder nicht?", fragte er
sich. „Wie dem auch sei, mit meinem Lohn war ich
genauso arm, wie ich es jetzt bin, es macht also kaum
einen Unterschied."

Kurze Zeit später traf er einen Mohren, der vom
Fuß bis zum Scheitel etwa drei Meter maß. Der riesige
Mann tat etwas sehr Merkwürdiges, er klebte Goldstü-
cke an die Blätter eines Zitronenbaumes.

Antonis blieb überrascht stehen. Er wollte nach
dem Grund für diese sonderbare Beschäftigung fragen,
doch dann kam ihm der erste Rat des Alten in den
Sinn: „Frage niemals nach Dingen, die dich nichts angehen." Er wünschte also dem Mohren einen „Guten
Tag" und ging weiter.

„He! Wo willst du hin?", rief ihm der Mohr hinterher. „Komm und nimm dir so viel Gold, wie du
tragen kannst. Weißt du, weshalb ich so großzügig

bin? Hundert Jahre schon tue ich das, was du hier siehst, doch bisher wollte noch jeder, der zufällig des Wegs kam, erfahren, warum ich es tue. Ich will dir erzählen, wie es dem letzten dieser neugierigen Tröpfe ergangen ist. Es war ein kleiner, schmächtiger Bursche, und natürlich musste er stehen bleiben, um mich zu fragen, weshalb ich die Goldstücke an die Blätter des Baumes klebe.

,Was hast du gesagt?', fragte ich zurück.

,Weshalb klebst du die Goldstücke an die Blätter?', wiederholte er.

,Auf diesem Ohr höre ich nicht gut', sagte ich, ,komm auf die andere Seite.'

,Weshalb klebst du die Goldstücke an die Blätter?'

,Ich kann dich nicht verstehen, sprich lauter.' Ich hatte meinen Spaß an ihm. Er schrie mir die Frage ins Ohr.

,Noch lauter', forderte ich ihn auf.

Er schrie sich die Kehle aus dem Hals, und dann

schrie ich plötzlich auch, und es war kein Spaß mehr. Ich verlor die Beherrschung und gab ihm mit dieser Hand hier eine solche Ohrfeige, dass er auf dem rechten Ohr nicht mehr hören konnte. Ehe er sich's versah, gab ich ihm auch mit der anderen Hand eine Ohrfeige, und er war stocktaub. Wie ein geprügelter Hund schlich er davon, ohne noch einmal nach den Goldstücken zu fragen.

Um es kurz zu machen, so oder ähnlich erging es allen, die hier vorbeikamen. Wenn sie weiterzogen, waren sie entweder lahm oder blind, andere wiederum verloren vor Angst den Verstand. Du warst der Einzige, der mich nichts gefragt hat, sondern mir einen ‚Guten Tag' wünschte und weiterging. Nimm dir also so viele Goldstücke, wie du willst, du hast sie dir verdient."

Vergnügt füllte Antonis seine Taschen mit Gold. Dann dankte er dem Mohren und setzte seinen Weg fort.

„Es war also doch richtig, dass ich dem Alten für

seinen Rat ein Goldstück gegeben habe", dachte er. „Gesunde, junge Männer wie ich sind dem Mohren begegnet, und was ist aus ihnen geworden? Taub, blind, lahm und geistig umnachtet müssen sie jetzt ihr Dasein fristen. Mich aber hat der Mohr reich gemacht."

Als Antonis ein Stückchen Wegs gegangen war, traf er ein paar junge Burschen, die in die gleiche Richtung wollten wie er, und sie gingen zusammen weiter.

Kurze Zeit später kamen sie zu einem Wegweiser, auf dem sie lasen, dass sich in der Nähe eine Taverne befand.

„Lasst uns etwas trinken gehen!", schlug einer der Burschen vor.

„Warum nicht!" Die anderen waren begeistert.

„Warum nicht", lag es auch Antonis auf der Zunge, doch dann fiel ihm der zweite Rat des Alten ein:

„Weiche niemals von dem Weg ab, den du einmal eingeschlagen hast."

„Ich werde hier auf euch warten", sagte er und setzte sich unter einen Baum. Und weil er von dem langen Fußmarsch erschöpft war, schlief er sofort ein.

Plötzlich schreckte er hoch. Ein Mann kam auf ihn zugestürzt und ließ sich heftig atmend neben ihn ins Gras fallen.

„Welch ein Unglück", wimmerte der Fremde und gebärdete sich wie toll.

„Wovon sprichst du?" fragte Antonis.

„Hast du nichts gesehen, nichts gehört?"

„Ich habe fest geschlafen und bin soeben erst aufge-wacht", entgegnete Antonis.

„Dann lass dir erzählen, was sich zugetragen hat", fuhr der Fremde fort. „Ich wollte gerade die Taverne zumachen und nach Hause gehen, da kamen noch Gäste. Woher sollte ich ahnen, was geschehen würde, es schienen harmlose Burschen zu sein. Sie verlang-ten Anisschnaps. Ich schenkte ihnen meinen starken

Selbstgebrannten ein und stellte einen Teller mit ge-
rösteten Kichererbsen auf den Tisch. Sie leerten die
Gläser und riefen wieder nach mir.

‚Schenk uns nach', verlangten sie. Ich gehorchte
ihnen.

‚Noch mehr! Noch mehr!', schrien sie.

Was sollte ich tun? Ich füllte ihnen die Gläser
immer wieder aufs Neue, und bald waren sie stock-
betrunken. Plötzlich zog einer von ihnen seine Pistole. ‚Beng!', schoss er in die Luft. Ein zweiter tat es
ihm gleich, ‚Bumm!', sauste eine Kugel in ein Fass mit
Anisschnaps. Nun begannen sie alle wie wild herum-
zuschießen, ‚Bamm, bumm, bamm!' Im Nu waren die
Fässer durchlöchert, und Schnaps, Wein und Ouzo
flossen in Strömen. Ich raufte mir die Haare, während
sie in den Pfützen herumpatschten und einen trunke-
nen Reigen begannen.

‚Ihr habt mich ruiniert!', rief ich ihnen zu.

‚Lass uns zufrieden', lachte einer von ihnen, ‚du

siehst doch, heute Abend ist hier der Teufel los!' Er drückte ein letztes Mal ab und traf ein Fass mit reinem Alkohol. Das war das Ende. Bevor ich noch begriff, was geschehen war, ging die Taverne in Flammen auf. Zu meinem großen Glück stand ich in der Tür und konnte mich mit einem Sprung ins Freie retten, sonst wäre ich wie die anderen bei lebendigem Leib verbrannt. Diese Burschen haben es nicht anders gewollt, doch womit habe ich das alles verdient? Mein Besitz liegt in Schutt und Asche, und was soll nun aus mir werden?"

Antonis, der dem Wirt mit offenem Mund zugehört hatte, fand keine Worte. Das Einzige, was er denken konnte, war: „Da bin ich noch einmal glimpflich davongekommen. Und wenn man bedenkt, dass mich dieser Rat nur ein Goldstück gekostet hat. Der Alte hatte Recht, als er sagte, dass er noch wertvoller sei als der erste."

Nach langer Wanderschaft gelangte Antonis endlich in sein Heimatdorf. Es war bereits dunkel, als er an die eigene Haustür klopfte, und seine Frau erkannte ihn nicht.

„Es ist vielleicht besser, wenn ich ihr nicht sofort sage, wer ich bin", dachte Antonis. „So viele Jahre bin ich nun schon in der Fremde, ich will erst einmal sehen, was hier während meiner Abwesenheit vor sich geht."

„Ich bin auf der Wanderschaft und ziehe morgen weiter", sagte er deshalb zu seiner Frau. „Wenn du mich für die Nacht unterbringen könntest, wäre ich dir sehr dankbar." Er gab ihr zwei Goldstücke.

„Es tut mir Leid, aber im Haus kann ich dich nicht schlafen lassen", entgegnete sie. „Du kannst dir im Keller ein Lager zurechtmachen. Geld nehmen wir hierzulande für unsere Gastfreundschaft nicht." Mit diesen Worten gab sie ihm das Gold zurück.

Sie brachte ihm einen Teller Suppe und zwei warme Decken und schloss die Tür hinter sich.

Wenig später sah Antonis von seinem Keller aus, wie ein Mann aus der Dunkelheit auftauchte und im Haus verschwand. Sofort stieg ihm das Blut in den Kopf.

„Das ehrlose Weib! Sie hat mich vergessen und einen anderen geheiratet. Und ich schinde mich in der Fremde für sie ab! Ich werde sie umbringen, sie und ihn." Er zog seine Pistole und war drauf und dran hinaufzustürmen. Im letzten Augenblick dachte er jedoch an den dritten Rat des Alten:

„Wenn dich am Abend der Zorn übermannt, unternimm niemals etwas vor dem nächsten Morgen."

Er zögerte, doch in ihm kochte es.

„Unsinn! Es muss jetzt geschehen! Warum erst am nächsten Morgen? Kommt es nicht auf dasselbe heraus?" Dann besann er sich.

„Nein, ich warte bis morgen. Ich habe immerhin ein Goldstück für diesen Rat bezahlt, das soll nicht umsonst gewesen sein." Er streckte sich auf seinem

Lager aus um zu schlafen, konnte aber keine Ruhe finden.

„Sie haben mich auf übelste Weise hintergangen, ich werde sie beide erschießen." Schon war er wieder auf den Beinen.

Da kamen ihm die Worte des Alten in den Sinn. Er hatte gesagt, dass ihm der dritte Rat noch mehr nützen würde als der zweite. So beschloss Antonis, die beiden in aller Frühe umzubringen.

Er konnte lange nicht einschlafen. Als er am nächsten Morgen erwachte, hörte er über sich im Haus Schritte. Sein Blut geriet abermals in Wallung, doch nach kurzem Nachdenken sagte er sich:

„Möge Gott sie für ihre Schande strafen, ich tue es nicht!" Er öffnete die Kellertür, um sein Haus für immer zu verlassen. Im gleichen Augenblick ging oben ebenfalls die Tür auf, und eine Männerstimme war zu hören:

„Auf Wiedersehen, Mutter. Heute Abend wird es

nicht so spät."

Als Antonis das hörte, schlug er sich an die Stirn.

„Mein Gott", stöhnte er, „was wollte ich tun. Es hätte nicht viel gefehlt, und ich hätte mein eigen Fleisch und Blut getötet."

Er lief die Treppe hinauf und schloss Frau und Kind in die Arme. Sie küssten sich und weinten vor Freude, dann gingen sie zu dritt ins Haus. Antonis leerte seine Taschen aus, und die Goldstücke funkelten im Licht der Morgensonne.

„Dieses Gold mag eine Menge wert sein", sagte er zu den beiden, „aber ein guter Rat ist tausendmal mehr wert. Ein alter Mann gab mir drei Ratschläge, und der dritte war der beste: *Wenn dich am Abend der Zorn übermannt, unternimm niemals etwas vor dem nächsten Morgen.*" Mit diesen Worten umarmte und küsste er seine Frau und seinen Sohn aufs Neue.

Nun lebten sie herrlich und in Freuden, und es ging ihnen wohl bis an ihr Ende.

Drei Ratschläge

27

Das Salatblatt

E s war einmal ein gutmütiger, dicker Esel, eine listige Füchsin und ein böser, dummer Wolf.

Eines Tages graste der Esel mutterseelenallein auf einer saftigen Wiese, die an einen Wald grenzte.

Dort aber schlich die Füchsin zwischen den Bäumen umher. Als ihr Blick auf den Esel fiel, sagte sie sich:

„Ich muss den Wolf finden. Er ist stark, und ich bin schlau, und wenn wir uns zusammentun, hat des Esels letztes Stündlein geschlagen. Wir werden ihn an einen einsamen Ort locken, wo wir ihn in

Ruhe fressen können."

Kaum hatte sie das gedacht, da stand der Wolf
schon vor ihr.

„Ach, Gevatter Wolf, gut, dass du kommst", rief sie
erfreut. „Sieh nur, dieser Esel dort auf der Wiese! Bei
seinem Anblick läuft einem das Wasser im Maul zusammen, findest du nicht?"

„Großer Gott!", entfuhr es dem Wolf, als er den
Esel sah. „Wie rund und wohlgenährt er aussieht!
Komm, Gevatterin, denk dir aus, wie wir ihn fangen
können, du bist doch klug."

„Das bin ich allerdings, und ich habe auch schon
einen Plan. Oder glaubst du, ich würde auf einen Vor-
schlag von dir warten?"

„Sag schon, was du vorhast, Gevatterin. Spann mich
nicht auf die Folter."

„Also, hör zu", begann die Füchsin. „Du gehst
zum Meer hinunter und beschaffst uns ein Boot.
Wenn wir dann kommen, tust du so, als ob es dir ge-

hörte. Ich werde unterdessen mit dem Esel Freundschaft schließen und ihn überreden, eine Bootsfahrt mit mir zu unternehmen. Alles andere überlass
mir."

„Ich vertraue dir, Gevatterin", erwiderte der Wolf.
„An diese üppige Mahlzeit werden wir noch lange
denken, soviel ist sicher."

Und er zog los, um ein Boot zu suchen.

Die schlaue Füchsin ging quer über die Wiese auf
den Esel zu. Als sie vor ihm stand, sprach sie ihn höf-
lich an.

„Guten Morgen, Gevatter Esel. Wo hast du so lange
gesteckt, ich habe dich vermisst! Schön, dass wir uns
mal treffen, es gibt viel zu erzählen. Komm, lass uns
eine Bootsfahrt machen, dann haben wir genug Zeit
zum Plaudern. Ein guter Freund von mir besitzt ein
Boot."

Der Esel fand die Idee nicht übel. Sie gingen zum
Strand hinunter, wo der Wolf mit dem Boot auf sie

wartete. Zu dritt zogen sie es ins Meer und stiegen ein.

Sie lösten sich beim Rudern ab und schwatzten fröhlich dabei, sodass ihnen die Zeit wie im Fluge verging. Ehe sie sich's versahen, waren sie mitten auf dem Meer. Da sagte die listige Füchsin:

„Diese Wolke dort über den Bergen will mir gar nicht gefallen. Hoffentlich gibt es kein Unwetter. Nun werden wir gewiss nicht gleich ertrinken, aber vielleicht ist es doch besser, wenn wir die Beichte ablegen. Wir wollen unser Gewissen erleichtern und uns gegenseitig von aller Schuld freisprechen. Sicher ist sicher, nicht wahr, außerdem kann es nicht schaden."

„Nein, schaden kann es nicht", meinte der Wolf.

„Ganz und gar nicht", stimmte auch der Esel zu.

„Dann komm, Gevatter Wolf, nimm mir die Beichte ab", sagte die Füchsin.

„Hast du gesündigt, Gevatterin?", fragte der Wolf.

„Nicht dass ich wüsste. Ich habe hier und da etwas Federvieh gestohlen, ein paar Enten den Hals umgedreht und etliche Kaninchen gefressen."

„Ach, das ist doch nicht der Rede wert", lachte der Wolf. „Dieses Kleinvieh taugt sowieso nichts, gut, dass du es gefressen hast. Ich kann beim besten Willen keine Sünde darin sehen. Jetzt nimm du mir die Beichte ab."

„Hast du etwa gesündigt, Gevatter Wolf?"

„Das frage ich mich auch. Ich habe nur ein paar Kühe und Schafe gefressen, einige Ziegen gestohlen …"

Er wollte sagen: „und manchmal auch einen Esel erledigt", doch trotz seiner Dummheit fiel ihm im letzten Moment noch ein, wer bei ihnen im Boot saß, und er biss sich auf die Zunge.

„Und das ist alles?", fragte die Füchsin. „Diese erbärmlichen Kreaturen taugen sowieso nichts, gut, dass du sie gefressen hast. Siehst du, ich habe es mir gleich gedacht, dass du nichts Böses getan hast."

Dann wandte sie sich an den Esel und sagte:

„Jetzt bist du an der Reihe, Gevatter Esel. Bekenne uns deine Sünden, aber gib gut Acht, dass du auch nichts vergisst."

„Es gibt da etwas, was mich schon lange quält", gab der Esel zu.

„Nun sag es schon, schnell, Gevatter Esel", riefen Wolf und Füchsin, und das Wasser lief ihnen im Maul zusammen.

„Also gut", begann der Esel. „Mein Herr hatte mich einmal mit zwei schweren Körben beladen, in denen Salatköpfe steckten. Es war ein heißer Tag, und ich war schon ganz schwach vor Hunger und Durst. Aus dem einen Korb hing ein zartes, frisches Salatblatt heraus, das duftete wunderbar. Ich habe abgewartet, bis mein Herr gerade nicht hinsah, und dann den Kopf gedreht, das Blatt abgerupft und es gefressen."

„Was hast du getan?", riefen Wolf und Füchsin entsetzt.

„Ich habe das Salatblatt gefressen."

> *„Ohne Öl und ohne Essig*
> *ist Salat doch keine Speise,*
> *wie sind wir nur noch nicht ertrunken*
> *auf unserer kurzen Reise!"*

„Ja", meinte der Esel, „ich weiß, dass es falsch war, aber ich habe es gefressen."

Die Füchsin und der Wolf brauchten nicht lange, um ihr Urteil zu fällen.

„Du hast eine schwere Sünde begangen", erklärten sie mit feierlichem Ernst. „Deshalb müssen wir dich jetzt fressen."

„Waaas?", rief der Esel, und seine großen dunklen Augen wurden noch größer.

„Wir werden dich fressen", wiederholte die Füchsin, „denn wir können es nicht verantworten, mit einem

Sünder, wie du es bist, im gleichen Boot zu fahren. Deinetwegen müssen wir alle ertrinken. Wenn wir dich nicht fressen, sind wir verloren."

Und der Wolf fügte hinzu:

„Wir werden ganz bestimmt ertrinken. Mit einem solchen Sünder an Bord gibt es keine Rettung. Wir müssen uns beeilen, Gevatterin. Sieh nur! Die Wolke über den Bergen ist schon größer geworden. Ich kann es ganz deutlich sehen."

„Ja, tatsächlich, sie ist schon viel größer", bekräftigte die Füchsin und versuchte, ängstlich dreinzuschauen, damit der Esel ihr auch glaubte.

Doch dieser begriff nun endlich, was das alles zu bedeuten hatte. Und es dauerte nicht lange, da fiel ihm ein, wie er sich retten konnte. Er machte ein klägliches Gesicht und sagte:

„Gut, gut, hört schon auf. Ihr sollt mich ja fressen, wenn es unbedingt sein muss, wahrscheinlich habe ich es wirklich nicht verdient, am Leben zu bleiben.

Ich möchte euch allerdings um einen letzten Gefallen bitten. Mein Vater hat mir vor seinem Tod einen Brief geschrieben, und ich will, dass ihr ihn mir vorlest. Dann kann ich mich beruhigt auf die Reise ins Jenseits machen. Ich glaube, es ist von Schafen oder Ziegen die Rede."

„Was für Schafe und Ziegen?" Der Wolf war sofort ganz Ohr.

„Wenn ich das wüsste, würde ich euch nicht darum bitten, mir den Brief vorzulesen", entgegnete der Esel.

„Und wo ist dieser Brief?", fragte der Wolf.

„Hier auf meinem Huf", sagte der Esel und hob seinen Hinterhuf. „Komm, Gevatter Wolf, lies mir vor, was mein Vater geschrieben hat, dann kannst du mich fressen."

Der dumme Wolf bückte sich, um den Brief zu lesen. „Nicht!", schrie die schlaue Füchsin, doch bevor der Wolf begriffen hatte, was sie meinte, gab ihm der

Esel einen kräftigen Tritt vor die Schnauze und beförderte ihn in hohem Bogen ins Meer. Als die Füchsin das sah, bekam sie es mit der Angst zu tun und sprang hinterher.

So ertranken die beiden bösen Tiere, die dem armen Esel ans Leben wollten.

Die zwölf Monate

s war einmal eine herzensgute Frau, die hatte nicht das Nötigste zum Leben. Ihr Mann war früh gestorben, und sie musste fünf Kinder allein aufziehen. Womit sollte sie so viele hungrige Mägen stopfen? Ihr gutes Herz allein half ihr da auch nicht viel.

Nun befand sich in der Nähe ihrer ärmlichen Behausung ein stattliches Anwesen, wo eine reiche Frau mit ihrem Mann und ihren Kindern lebte. Einmal in der Woche ließ diese die arme Frau zu sich rufen, damit sie ihr den Brotteig knetete. Sie war aber boshaft und geizig und gab ihr nichts für ihre Mühe.

Die gute Frau ging dennoch immer wieder gern zu der Nachbarin. Wenn sie mit ihrer Arbeit fertig war, kehrte sie mit den Teigresten an den Händen nach Hause zurück und kochte daraus ein Essen für ihre Kinder. Sie wusch ihre Hände in einem Topf mit sauberem Wasser, das sie solange kochen ließ, bis eine Art flüssiger Brei entstand. Den gab sie dann ihren Kindern zu essen, denn sie hatten sonst nichts, und an den übrigen Tagen der Woche hungerten sie. Sie trösteten sich aber stets damit, dass die Mutter bald wieder bei der reichen Frau Brot kneten und mit ungewaschenen Händen nach Hause kommen würde.

Nun sollte man eigentlich annehmen, dass Kinder, die in so großer Armut lebten, bleich und hohlwangig waren und immer Gefahr liefen, vor Hunger zu sterben. Es traf jedoch genau das Gegenteil zu. Die fünf gediehen prächtig und nicht nur das, sie waren auch immer fröhlich, und ihre Gesichter strahlten vor

Liebreiz, sodass es eine Freude war, sie nur anzusehen. Die Liebe ihrer Mutter und nicht zuletzt ihr eigenes gutes Herz hatten dieses Wunder bewirkt.

Ganz anders stand es mit den Kindern der reichen, bösen Frau. Sie waren schlecht erzogen und stritten sich nur den lieben langen Tag. Keines von ihnen brachte jemals ein Lächeln über die Lippen, deshalb sahen sie hässlich und verkniffen aus. Und weil sie ständig am Essen herummäkelten, waren sie am Ende magerer als die Kinder der armen Frau.

„Wie kommt es, dass die Kinder dieser Frau immer gut gelaunt sind, während meine kränklich und griesgrämig dreinschauen?", fragte sich die reiche Frau eines Tages. „Ich weiß, was schuld ist. Sie verlässt das Haus, ohne sich die Hände zu waschen, und nimmt das Glück meiner Kinder mit sich fort. Damit muss jetzt aber Schluss sein."

Als nun die arme Frau das nächste Mal zu ihrer Nachbarin kam, um ihr das Brot zu kneten, ließ diese sie nicht eher fort, als bis sie sich gründlich die Hände gewaschen hatte.

Unglücklich ging die Arme nach Hause. Als die Kinder sie ohne Teigreste an den Händen in der Tür stehen sahen, begannen sie zu schluchzen. Da verbarg die Mutter ihren Kummer, wischte sich verstohlen eine Träne ab und sprach:

„Schlaft jetzt, ihr Lieben. Ich werde mich noch einmal auf den Weg machen, um eine gute Fee zu finden. Wenn ich ihr sage, dass ihr Hunger habt, gibt sie mir bestimmt ein großes Brot. Das bringe ich euch, und wir essen es alle zusammen auf. Feen haben ein mitleidiges Herz, und sie mögen brave Kinder."

Dann nahm sie all ihre Kraft zusammen und lief aus dem Haus, um nicht mit ansehen zu müssen, wie ihre Kinder vor Hunger starben.

Sie ließ das Dorf hinter sich und lief in die Berge, ohne zu wissen, wohin sie ihre Füße trugen. Viele Stunden irrte sie durch die karge, trostlose Landschaft,

bis sie vor sich eine Burg erblickte. Sie ging darauf zu, sah das Tor offen stehen und trat ein. In einem großen Saal fand sie zwölf Jünglinge.

Drei von ihnen trugen die Hemden offen, sie hielten blühende Zweige im Arm.

Drei Jünglinge standen mit freiem Oberkörper dort und drückten reife Ähren an ihre Brust. Drei hielten Weintrauben in den Händen, und drei waren in warme Kleider und Pelze gehüllt.

Sobald die zwölf die fremde Frau bemerkten, begrüßten sie sie freundlich und luden sie ein, Platz zu nehmen. Sie errieten, wie hungrig sie war, deshalb stellten sie einen Teller mit Essen vor sie hin und ließen ihr Zeit. Erst als sie sich satt gegessen hatte, fragten sie, wie es sie in diese Einöde verschlagen habe.

Da schüttete ihnen die arme Frau ihr Herz aus, und als sie die mitfühlenden Blicke der jungen Männer sah, wusste sie, dass sie ihre Sorgen verstehen würden.

„Sag uns, gute Frau, was hältst du von den Frühlingsmonaten, von März, April und Mai?", fragte einer der drei Jünglinge mit den blühenden Zweigen, als sie geendet hatte.

„Das sind gute Monate, mein Junge. Alles grünt und blüht, die Erde schmückt sich mit Blumen, tausend Düfte liegen in der Luft, und die Vögel zwitschern fröhlich. Wir wären wirklich undankbar, wenn uns diese Monate nicht gefallen würden, schließlich sind sie es, die dafür sorgen, dass unsere Saat aufgeht und die Bäume Frucht ansetzen."

„Und was hältst du von den Sommermonaten, von Juni, Juli und August?", fragten die Jünglinge mit den Ähren.

„Auch über diese Monate können wir uns nicht beklagen, meine Kinder. Jede Frucht braucht Wärme zum Reifen. Die Bauern mähen und dreschen das Korn, sie pflücken das Obst. Ist die Ernte gut, dann heißt das, dass ihre Mühe nicht vergebens war, und sie sind zufrieden."

„Wie ergeht es euch im September, Oktober und November? Mögt ihr den Herbst?", fragten die Jünglinge, die Trauben hielten.

„Alle fleißigen Menschen wünschen sich diese Monate herbei", sagte die gute Frau. „Der eine will Wein lesen und keltern, der andere will Oliven ernten und Öl daraus gewinnen. Ein jeder braucht den Herbst. Der Bauer wartet auf den ersten Regen, um sein Feld zu pflügen und die Saat einzubringen. Und das nützt uns allen, immerhin ernähren wir uns von den Gaben der Natur."

„Und wie kommt ihr mit den Wintermonaten zurecht, mit Dezember, Januar und Februar?" Der Jüngling, der ihr diese Frage stellte, hinkte.

„Vortrefflich, meine Kinder. Diese Monate meinen es gut mit uns. Wir sitzen alle um das Feuer herum und ruhen uns von der Arbeit des Jahres aus. Die Kinder genießen es, dass sie Mutter und Vater ganz für sich haben, weil die Eltern sonst selten zu Hause sind.

In der Winterszeit wird viel gefeiert, wir freuen uns auf Weihnachten und Neujahr und sind froh und guter Dinge. Alle Monate sind nützlich, ihr Lieben, jeder von ihnen hat seinen eigenen Reiz. Sie bringen Veränderung mit sich, und Veränderung brauchen die Menschen. Und was das Wichtigste ist, die Monate tragen dazu bei, dass unser Leben in geregelten Bahnen abläuft. Ach, wenn doch nur mein Mann noch lebte, dann müssten meine Kinder jetzt nicht hungern, denn er war fleißig und geschickt."

Die Jünglinge, die natürlich niemand anderes als die zwölf Monate waren, schauten die arme Frau wohlwollend an, und weil sie ihr ein Geschenk machen wollten, ging einer von ihnen hinaus und holte einen Tontopf.

„Das ist für dich", sagte er und öffnete das Gefäß. „Nun müssen deine Kinder nie wieder hungern."

Die gute Frau konnte fast nicht glauben, was sie da sah – der Topf war bis zum Rand mit Goldstücken gefüllt. Vor Freude traten ihr die Tränen in die Augen, sie dankte den Jünglingen und umarmte sie, einen nach dem anderen. Dann nahm sie den Topf und machte sich auf den Heimweg in ihr Dorf.

Als sie die ersten Häuser erreichte, dämmerte es bereits. Sie besorgte etwas zu essen für ihre Kinder und lief nach Hause. Später kaufte sie allen schöne, warme Kleider, und ihr Leben sah gleich ganz anders aus. Von nun an ging es ihnen gut, und sie mussten nie mehr Not leiden.

Die reiche Frau wunderte sich nicht wenig, als sie die Veränderungen im Haus ihrer Nachbarin bemerkte. Neugier und Neid machten ihr so zu schaffen, dass sie es schließlich nicht mehr aushielt, und sie ging zu ihr, um sie auszufragen. Die gute Frau gab bereitwillig Auskunft. Sie erzählte, wer ihr geholfen hatte und wo die Jünglinge zu finden seien.

Die reiche Frau besann sich nicht lange. Sie zog schäbige Kleider an und machte sich auf den Weg ins Gebirge. Ohne Mühe fand sie die Burg und betrat den Saal.

Die zwölf Jünglinge boten der reichen Frau eine warme Mahlzeit an. Sie drehte den Teller hin und her und roch an dem Essen, rührte es jedoch nicht an.

„Ich habe gerade ein Stück trockenes Brot gegessen, deshalb habe ich keinen Appetit", entschuldigte sie sich.

Die Jünglinge waren freilich nicht dumm. Sie wussten sofort, was sie von dieser Erklärung zu halten hatten.

„Wie geht es euch unten im Dorf?", fragte einer von ihnen.

„Nichts als Elend, schlimmer könnte es nicht mehr kommen", antwortete sie.

„Und welcher Monat ist der beste?"

„Keiner von ihnen taugt etwas. In den Sommermonaten kommen wir vor Hitze fast um. September, Oktober und November wiederum bringen nichts als Regen. Außerdem können wir uns im Herbst vor Arbeit nicht retten, es ist die reinste Tortur. Danach kommt der Winter, der Dezember, der Januar und der verfluchte Februar" – der Februar sah sie mit großen Augen an – „mit eisigem Nordwind und Schnee. Diese Monate verleiden es uns, auch nur einen Fuß vor die Tür zu setzen.

Kaum ist der Frühling da, auf den wir den ganzen Winter hindurch sehnsüchtig gewartet haben, weil wir glaubten, dass uns nun endlich ein paar schöne Tage vergönnt sind, schon geht es weiter mit Kälte und Regen und einem Haufen Arbeit. Besonders der launische März macht uns zu schaffen. Nicht selten zwingt er uns, alles zu verheizen, was nicht niet- und nagelfest ist. Was soll ich euch sagen, Kinder, ein Monat kommt, der andere geht, verflucht sollen sie sein, alle miteinander. Selbst die Reichen haben keinen guten Tag mehr, und was uns Arme betrifft, so fragt besser nicht. Wenn ihr ein gutes Werk tun wollt, dann helft einer armen Frau, die Mühsal zu vergessen, die ihr die elenden Monate bescheren."

Die zwölf Monate nahmen die harten Worte schweigend zur Kenntnis. Sie nickten stumm dem Februar zu, der hinkend einen Tontopf herbeibrachte.

„Das ist für dich", sagte er zu der bösen Frau. „Gib nur gut Acht, dass du den Topf nicht im Freien öffnest, wo dich jedermann sehen kann. Schließ daheim erst die Türen und Fenster, bevor du den Deckel hebst."

„Ich weiß, ich weiß. So dumm bin ich nicht, dass ich den Topf aufmache, wenn andere dabei sind. Ich werde dafür sorgen, dass mich niemand sieht."

Voller Ungeduld riss die reiche Frau dem Februar den Topf aus den Händen und lief mit ihm davon. In ihrer Eile vergaß sie sogar „danke" zu sagen, wenigstens der Form halber. Zu Hause angekommen, ging sie in ihr Zimmer und schloss hastig Türen und Fenster, um ihren Schatz ungestört bewundern zu können.

Kaum aber hatte sie den Topf geöffnet, da stieß sie einen schrillen Schrei aus und sank ohnmächtig zu Boden. In dem Gefäß waren keine Goldstücke, sondern Schlangen.

Auf diese Weise wurde die habgierige Frau für ihre Bosheit bestraft, die gute Frau aber, die nicht mehr arm war, lebte mit ihren Kindern herrlich und in Freuden. Und wenn sie nicht gestorben sind, so leben sie heute noch.

Pimpelhans

s war einmal ein König und eine Königin, die hatten drei Söhne, und der König liebte die beiden ältesten über alle Maßen. Sie kleideten sich in kostbare Gewänder, trugen selbstbewusst ihre Waffen und hielten sich gut auf dem Pferd. Bei allen Festen und Paraden spielten sie die erste Geige, und ihr Vater war stolz auf sie und dankte Gott, dass er ihm zwei so prächtige Söhne geschenkt hatte, denen er, wenn es einmal soweit wäre, beruhigt sein Königreich überlassen könnte.

Für seinen jüngsten Sohn hatte der König nicht viel übrig, obwohl der Junge ein goldenes Herz besaß.

Er machte sich nichts aus auffallender Kleidung und glänzenden Schwertern, außerdem war er klein und zierlich von Gestalt, während seine Brüder die Statur wahrer Recken hatten. Was dem jüngsten Prinz an Körpergröße fehlte, das hatte er an Wissen den anderen voraus. Er las gern und verbrachte die meiste Zeit in seinem Zimmer, wo sich die Bücher bis zur Decke türmten. Dort saß er an seinem Studiertisch, „sauertöpfisch", wie seine Brüder sagten, und eignete sich alle Weisheit der Welt an. Während die beiden älteren Königssöhne auf die Jagd gingen und Wildschweine erlegten, konnte er nicht einmal einer Fliege etwas zuleide tun, und so kam es dann, dass sie ihn bei jeder Gelegenheit Pimpelhans riefen und sein wirklicher Name Avgerinos, der Morgenstern, fast in Vergessenheit geriet. Weder sein Vater noch die Brüder trauten es ihm zu, irgendetwas zustande zu bringen, was Mut und Kraft erforderte.

Je weniger sie aber den jüngsten Prinzen liebten,

umso mehr hing die Königin an ihm. Ihr gefiel es, dass der Junge gern las, und sie gab ihm so viel Geld er nur wollte, damit er sich Bücher kaufen konnte. So war es nicht weiter verwunderlich, dass er jedes Buch erwarb, das er bekommen konnte. Bei seiner ständigen Suche nach neuem Lesestoff stieß er eines Tages auf einen dicken Band mit dem Titel: „Das Königreich mit der Burg der drei Mädchen". Schon nach den ersten Seiten merkte er, dass er einen kostbaren Fund gemacht hatte. Er vertiefte sich in die Lektüre und vergaß alles um sich herum. Da gab es am Ende der Welt ein Königreich, wo die Menschen in Eintracht miteinander lebten. Sie waren gut und gerecht und wussten nicht, was die Worte Hass, Rache, Habgier, Betrug und Verbrechen bedeuteten. Die Bewohner dieses Landes erreichten ein hohes Alter, denn sie kannten viele Heilmittel aus der Natur, und wer krank war, dem konnte rasch geholfen werden. Der gütige König und die Königin dieses Landes wurden von ihren Untertanen geliebt und geachtet, ihre drei Töchter aber waren so schön, dass es hieß, niemals habe man schönere Wesen gesehen.

Es schien also, als ob es den Bewohnern dieses fernen Königreiches an nichts fehlte, und doch wurden sie von einem großen Übel geplagt. Ein- oder zweimal im Jahr, manchmal auch nur alle zwei Jahre, stieß ihnen etwas Merkwürdiges zu. Sie fielen in einen tiefen Schlaf, und das geschah ganz plötzlich, wo sie gerade gingen und standen. Dieser Zustand hielt genau drei Monate an. Und obwohl sie jede Krankheit heilen konnten, fanden sie doch kein Mittel gegen diesen Schlaf. Es hieß, dass alles vor hundert Jahren begann, als drei böse Zauberinnen das Land besuchten. Die Menschen fürchteten sich vor ihnen, sie wollten ihnen weder Gastfreundschaft gewähren noch ihre „Dienste" annehmen, also gaben sie ihnen zu verstehen, dass sie woanders ihr Glück versuchen sollten.

Da sprachen die drei einen Fluch gegen die Bewohner des Königreiches aus, und diese schliefen auf der Stelle ein, ganz gleich, wo sie sich befanden und was sie gerade taten. Drei Monate später erwachten sie wieder, doch von jener Zeit an wiederholte sich das Ganze in unregelmäßigen Abständen, und niemand wusste, wie man den Zauber lösen konnte. Nur ein uralter weiser Mann sagte kurz vor seinem Tode, dass der Fluch aufgehoben werden könne, wenn nach einer sechsmonatigen beschwerlichen Reise sechs Rosen aus Liebe zu Boden fielen. Diese Worte vermochte niemand richtig zu deuten, und alle, die es mit Rosen und endlosen Fußmärschen versuchten, mühten sich vergebens.

Dies und noch vieles mehr las Pimpelhans in dem Buch über das Königreich mit der Burg der drei Mädchen. Es war für ihn eine wichtige Entdeckung, dass es eine Welt des Friedens und der Liebe gab, in der die Krankheiten ihren Schrecken verloren hatten.

Wenn nur der seltsame Zauber nicht wäre! Aber er hatte noch andere Gedanken. Warum hieß jenes ferne Königsschloss die Burg der drei Mädchen? Was für Mädchen mussten das sein, dass eine Burg nach ihnen benannt wurde? Ob es wohl stimmte, was in dem Buch stand, dass niemals ein Mensch schönere Wesen erblickt hatte? Ach, wie gern wäre er aufgebrochen, um das alles mit eigenen Augen zu sehen, vor allem aber die drei Prinzessinnen. Er las jedoch, dass das Königreich von dem seinen sechs Monate entfernt war und dass sich jedem, der es besuchen wollte, gewaltige Hindernisse in den Weg stellten. Eine solche Reise schien also unmöglich. Als der jüngste Königssohn an jenem Abend die Augen schloss, hatte er einen Traum. Er befand sich in der Burg der drei Mädchen und sah all die wundersamen Dinge, die es dort gab. Dann fiel sein Blick auf die drei Töchter des Königs, und es verschlug ihm den Atem. Sie waren noch schöner, als er sich in seinen kühnsten Phantasien vorgestellt hatte. Am schönsten aber war die jüngste von ihnen, so schön, dass Pimpelhans auf der Stelle sein Herz verlor. Als er am nächsten Morgen erwachte, war er in einer bedauernswerten Verfassung. Alles, ja sogar sein Leben hätte er dafür gegeben, um die schöne Prinzessin einmal nur mit eigenen Augen zu sehen! Es war jedoch aussichtslos, so jedenfalls stand es in den Büchern, und unser verliebter Königssohn grämte sich sehr.

Wenn er sich zu diesem Zeitpunkt noch nicht zu der gewagten Reise entschließen konnte, so tat er es einige Zeit später, als sein Vater ein Heilmittel benötigte, das es nur in jenem fernen Königreich gab. Es war ein Unternehmen, bei dem er ein ums andere Mal sein Leben aufs Spiel setzen musste, doch schließlich fand alles ein gutes Ende, wie es im Märchen nun einmal so geht.

Lacht mich nicht aus, sondern hört, wie es sich zugetragen hat:

Eines Tages taten dem König die Augen weh. Die besten Ärzte des Landes wurden zu Rate gezogen, ja, man holte sogar Heilkundige aus anderen Königreichen herbei, doch keiner von ihnen konnte etwas ausrichten. Der Zustand des Königs wurde von Tag zu Tag schlechter, und es dauerte nicht lange, bis er erblindete.

Nun gab es wohl niemanden im Schloss, der sein Schicksal nicht bedauert hätte, doch als man sah, dass nichts daran zu ändern war, fand man sich damit ab. Nicht so Pimpelhans. Er nahm erneut das Buch über das Königreich der drei Mädchen zur Hand. Dieses Mal ließ er alle Abschnitte aus, die von den Prinzessinnen handelten, und vertiefte sich ausschließlich in jene Seiten, wo die verschiedenen Heilmittel aufgeführt waren. Er las, dass es im Hof der Burg der drei Mädchen einen Zitronenbaum gab, der in einer besonderen Erde wuchs. Setzte man dieser Erde Wasser zu, erhielt man einen heilkräftigen Schlamm, und wenn man den einem Blinden auf die Augen tat, konnte er sofort wieder sehen. Jetzt war es für Pimpelhans beschlossene Sache. Er würde in das ferne Königreich ziehen, seinem Vater die wundertätige Erde bringen und das Mädchen seiner Träume kennen lernen. Nun zögerte er nicht länger, sich seiner Mutter anzuvertrauen. Er erzählte ihr von der Erde und von seiner Liebe.

„Kind, es wird dich das Leben kosten", sagte die Königin besorgt. „Bleib hier, mein Sohn, weshalb willst du eine so gefährliche Reise auf dich nehmen? An den Zustand deines Vaters haben wir uns inzwischen gewöhnt, und was dich betrifft, so werden wir dich mit dem schönsten Mädchen unseres Landes vermählen, wenn es soweit ist."

Pimpelhans war jedoch von seinem Vorhaben nicht abzubringen. Er setzte seiner Mutter so lange zu, bis sie zum König ging und ihm von der wundertätigen Erde erzählte. Sie sagte ihm, dass es ein langer Weg

bis in jenes Königreich war, behielt aber alles Weitere
für sich.

„Nicht Pimpelhans, sondern unsere beiden ältesten
Söhne werden die Erde holen", bestimmte der König.
„Wenn es wirklich so weit ist, kann man nicht wissen,
was ihnen unterwegs alles zustößt. Pimpelhans würde
bei der ersten Schwierigkeit kehrtmachen, warum sollten wir den Knirps schicken, wo die beiden anderen
solche Prachtkerle sind."

Als Pimpelhans von dem Beschluss seines Vaters
erfuhr, verlegte er sich erneut aufs Bitten.

„Meine Brüder werden niemals ans Ziel kommen",
sagte er zu seiner Mutter. „Wie sollten sie da die Erde
holen?"„Ich weiß, mein Sohn, sie werden umkehren,
wenn es gefährlich wird. Um sie ist es mir nicht bange,
aber um dich habe ich Angst."

Unterdessen rief der König die beiden älteren
Söhne zu sich und trug ihnen auf, die wundertätige
Erde zu holen. Er gab jedem von ihnen fünfzig

Bewaffnete zum Geleit und überhäufte sie mit Gold und Geschenken für den König des fernen Landes. Hoch zu Ross machten sich die beiden auf den Weg. Pimpelhans aber beschwor seine Mutter, ihm zu helfen, und weil der König nicht auf sie hören wollte und ihr Jüngster sie gar zu verzweifelt bat, suchte sie die zwölf königlichen Ratgeber auf. Es gelang ihr, die weisen Männer zu überzeugen, dass der König sein Augenlicht nur dann wiedererlangen würde, wenn er auch Pimpelhans aussandte, da der Junge der Einzige war, der aus den Büchern wusste, wo sich das ferne Königreich befand und wie man dorthin gelangen konnte.

Wenn auch nur ungern, so willigte der König schließlich doch ein, seinen jüngsten Sohn, den Knirps, wie er ihn nannte, auf die lange Reise zu schicken.

„Gebt ihm ein paar Goldstücke und lasst ihn in Gottes Namen ziehen", befahl er. Pimpelhans ließ sich das nicht zweimal sagen. Noch am selben Tag verließ er das Schloss und war fest entschlossen, entweder mit der wundertätigen Erde zurückzukehren oder zu sterben. Insgeheim hoffte er natürlich auch, die schöne Prinzessin seiner Träume zu Gesicht zu bekommen. Und wer weiß, vielleicht hatte er Glück, und sie verliebte sich ebenfalls in ihn und folgte ihm in das Reich seines Vaters.

Pimpelhans fragte unterwegs so lange nach seinen Brüdern, bis er die beiden eingeholt hatte.

„Wo willst du denn hin?", fragten sie ihn erstaunt.

„In die gleiche Richtung wie ihr", entgegnete Pimpelhans.

„Wenn sich unser Vater auf dich verlassen würde, dann wäre er übel dran", bemerkte der älteste Bruder hämisch. „Hier sind kräftige, mutige Männer gefragt und nicht solche Schwächlinge wie du."

„Ich möchte auch mein Glück versuchen. Habt ihr etwas dagegen?"

„Tu was du willst, nur fall uns nicht zur Last. Such dir selbst den Weg."

„Lass ihn doch mit uns kommen", mischte sich der mittlere Bruder ein. „Vielleicht kann er uns ganz nützlich sein, er ist der Einzige, der weiß, wo sich dieses Königreich befindet."

„Du hast Recht, mag er also bleiben", stimmte der älteste zu, und Pimpelhans schloss sich ihnen an.

Drei Monate waren sie unterwegs, als sich plötzlich der Weg teilte. Drei mit Gras bewachsene, seit ewigen Zeiten nicht benutzte Wege lagen nun vor ihnen, und sie mussten sich für einen von ihnen entscheiden.

„Nun, was sagen deine Bücher jetzt?", fragte der älteste Bruder spöttisch.

„Brüder, ich habe diese drei Wege in einem Buch gesehen. Sie führen alle zu dem Königreich, das wir suchen, doch niemand benutzt sie, weil auf ihnen schreckliche Gefahren lauern. Der Weg zu unserer Rechten führt durch eine Gegend mit verheerenden

Wirbelstürmen, die Pferd und Reiter bis zu zwanzig Klafter in die Höhe heben. Es gehört viel Glück dazu, da unversehrt hindurchzukommen. Wem es nicht gelingt, sich auf seinem Pferd zu halten, der ist verloren. Der mittlere Weg führt durch ein Gebiet, wo Rauch und Feuer aus dem Boden treten. Ganze vierundzwanzig Stunden muss der Reisende durch die sengende Glut gehen, und es kommt nur der weiter, der die schreckliche Hitze aushält."

„Und was ist mit dem dritten Weg?", fragte der älteste Bruder.

„Das ist der Weg, von dem es keine Rückkehr gibt."

„Das heißt, man ist so oder so verloren", stellte der mittlere fest.

„So steht es zumindest in den Büchern", sagte Pimpelhans. „Sucht ihr beide euch einen Weg aus. Ich nehme den, der übrig bleibt."

„Pimpelhans, das kann nicht dein Ernst sein", rief der älteste Bruder. „Es muß doch irgendwo auch einen normalen Weg zu diesem Königreich geben."

„In den Büchern ist kein anderer Weg erwähnt. Gäbe es ihn tatsächlich, wie sollten wir ihn finden, wenn ihn nicht einmal die Gelehrten kennen?"

Sie drehten und wendeten die Angelegenheit noch eine Weile hin und her, und weil sie keinen anderen Ausweg sahen, wählte der älteste Bruder den rechten Weg und der mittlere den mittleren. Für Pimpelhans blieb somit der Weg übrig, von dem es keine Rückkehr gab. Bevor sie auseinander gingen, sagte Pimpelhans:

„Wir wollen ein jeder einen Ring unter diesen Stein legen. Wer von uns auf dem Heimweg hier vorbeikommt, nimmt seinen Ring wieder an sich, dann wissen die, die nach ihm kommen, dass er zurückgekehrt ist."

Die anderen waren einverstanden, also streifte sich jeder von ihnen einen Ring vom Finger und legte ihn unter den Stein. Dann brachen sie auf. Die beiden älteren Brüder zogen mit ihrer Gefolgschaft los, während sich der jüngste allein auf den Weg machte.

Zwanzig Tage war der älteste Bruder unterwegs, als er in die Gegend mit den Wirbelstürmen gelangte. Kaum hatte er gesehen, wie sie alles, was nicht niet- und nagelfest war, mit sich rissen, bekam er es mit der Angst zu tun und kehrte um. Er ritt zu der Stelle zurück, wo sie sich getrennt hatten, und nahm seinen Ring unter dem Stein hervor. Dann suchte er schweren Herzens die nächste Ortschaft auf, um dort auf seine Brüder zu warten.

Der zweite Bruder war einen Monat unterwegs, als er vor sich Rauch und Feuer erblickte. Kaum spürte er die Hitze auf seiner Haut, da sank ihm aller Mut, und er kehrte um. Zerknirscht hob er den Stein in die Höhe, und als er sah, dass der Ring des älteren Bruders fehlte, wusste er, dass dieser ebenfalls aufgegeben hatte. Er ging in die nächste Ortschaft, wo er ihn in einem Wirtshaus traf.

Bekümmert berieten sich die beiden, was sie als Nächstes tun sollten.

„Lass uns auf Pimpelhans warten", schlug der mittlere Bruder vor. „Wir müssen wissen, ob er es besser getroffen hat als wir."

„Und was ist, wenn er die wundertätige Erde findet?", fragte der ältere. „Wäre es nicht eine Schande für uns, unserem Vater mit leeren Händen unter die Augen zu treten, während er das Heilmittel bringt?"

„Warten wir erst einmal ab", beruhigte ihn der mittlere Bruder. „Es ist fraglich, ob er zurückkommt und so gut wie unmöglich, dass er die Erde findet. Sollte es ihm wider Erwarten doch gelingen, so können wir immer noch entscheiden, was wir tun."

Doch lassen wir die beiden nun mit ihrem Kummer allein und sehen, wie es Pimpelhans erging.

Der Junge wusste genau, wie gefährlich der Weg war, den er eingeschlagen hatte. Alle, die bisher versucht hatten, auf ihm zu dem fernen Königreich zu

gelangen, waren dabei ums Leben gekommen. Der
Weg führte unterhalb einer Burg vorbei, in der vierzig
schreckliche Riesen mit ihrer Mutter lebten. An dieser
Burg konnte niemand vorüber, und wer sie einmal
erreicht hatte, dem blieb auch zum Umkehren keine
Zeit mehr, denn die Riesen fingen ihn und fraßen ihn
mit Haut und Haaren auf. Doch setzen wir einmal
voraus, es gelänge jemandem, sich ungesehen an
dieser Burg vorbeizuschleichen, so würde er kurze
Zeit später auf eine zweite Burg treffen, in der abermals vierzig Riesen mit ihrer Mutter wohnten. Selbst
wenn er auch dieses Mal mit dem Leben davonkäme,
was freilich undenkbar ist, so würde er bald auf eine
dritte Burg stoßen. Auch hier lebten vierzig Riesen
mit ihrer Mutter, und sie waren noch schrecklicher
als alle anderen zuvor, sodass es für niemanden mehr
ein Entkommen gab. Nun lasst uns den Faden weiter-
spinnen und annehmen, dass es jemandem gelänge,
auch dieses Mal die Riesen zu überlisten. Er würde

geradewegs einem Ungeheuer vors Maul laufen, das so groß war, dass es mit seinem Körper den ganzen Weg von den Bergen bis hin zum Meer versperrte.

Pimpelhans aber war zu allem entschlossen. Zwanzig Tage folgte er den Windungen des Weges, bis er in der Ferne die erste Burg erblickte.

„Ich muss die Riesen hinters Licht führen", dachte er. „Wenn es mir gelingt, sie für mich zu gewinnen, kann ich mit ihrer Hilfe vielleicht das Ungeheuer töten." Und ihr werdet sehen, dass er es tatsächlich schaffte.

Die vierzig Riesen einer jeden Burg waren Brüder und die Riesen der anderen Burgen wiederum ihre Vettern. Ihre Mütter hatte das Ungeheuer auf die Welt gebracht. Es fraß seinen Nachwuchs gewöhnlich sofort auf, und die drei Riesinnen waren die Einzigen, die ihm hatten entkommen können. Es hatte den Fehler gemacht, sie vorerst am Leben zu lassen, weil sie etwas Fett ansetzen sollten. Die drei konnten sich

nun freilich denken, weshalb sie so gut herausgefüt-
tert wurden, daher liefen sie in einer finsteren Nacht
davon. Dies alles hatte Pimpelhans gelesen, doch er
wusste noch etwas, was auf den ersten Blick unwich-
tig erschien, ihm jedoch gut zupass kam. In der ersten
Burg lebten nur neununddreißig Riesen, weil der vier-
zigste als Kind verloren gegangen war. Pimpelhans
beschloss, zu der Riesin zu gehen und ihr eine Lügen-
geschichte zu erzählen. Er nahm ein Stück Kohle
und zeichnete sich Linien ins Gesicht, um sich ein
wildes Aussehen zu geben. Dann schlich er sich vor-
sichtig an die Burg heran, und sobald er sah, dass
die Riesin allein war, trat er plötzlich vor sie hin. Die
grobschlächtige Frau machte Anstalten, ihn zu verschlingen, doch Pimpelhans rief: „Halt! Ich bin der
Sohn, den du vor Jahren verloren hast. Nun bin ich
wieder da."

„Du und mein Sohn!", entrüstete sich die Riesin.
„So ein Winzling! Was redest du für dummes Zeug,

du bist kein Riese, und wenn du noch so verwegen aussiehst."

„Doch, Mutter, ich bin ein Riese. Ich bin den Menschen in die Hände geraten. Man hat mir wenig zu essen gegeben und viel Arbeit aufgebürdet, deshalb bin ich nicht gewachsen."

Sei es nun, dass Pimpelhans seine Rolle gut spielte, sei es, dass ihm die Riesin glauben wollte, sicherlich war sie auch ein wenig dumm, jedenfalls schloss sie ihn in ihre Arme und küsste ihn unter Tränen. Dann lief sie zu ihren Söhnen und erzählte ihnen freudestrahlend, was sich zugetragen hatte.

„Wo ist er, Mutter?", riefen die Riesen. „Hol ihn, wir wollen ihn sehen."

„Setzt euch und ich hole ihn. Ihr dürft ihm aber nichts tun."

„Warum sollten wir unserem Bruder etwas tun? Hol ihn schnell!"

„Nein", sagten sie, als sie Pimpelhans sahen, „das

ist nicht unser Bruder, der ist ja klein wie ein Mensch. Es ist ein Mensch, wir wollen ihn fressen!" Sie standen auf und wollten sich auf ihn stürzen.

„Habt ihr ganz und gar den Verstand verloren?", rief die Mutter. „Wollt ihr euch an eurem eigenen Fleisch und Blut vergreifen?"

„Aber er ist so klein, sogar für einen Menschen ist er zu klein", entgegneten die Riesen. „Er kann unmöglich einer von uns sein."

„Er hat großes Pech gehabt, Kinder, denn er ist den Menschen in die Hände gefallen. Sie haben ihn zur Arbeit gezwungen und ihm wenig zu essen gegeben, deshalb ist er klein geblieben. Seht ihr nicht, dass er ebenso wild aussieht wie ihr?"

Mehr war nicht nötig, um die Riesen zu überzeugen. Sie nahmen Pimpelhans lachend auf den Arm und hoben ihn der Reihe nach in die Höhe, froh, dass sie einen Bruder gefunden hatten, mochte er auch etwas klein geraten sein.

Drei Tage blieb der jüngste Prinz bei den Riesen in der Burg, und weil sie ihm jeden Wunsch von den Augen ablasen, hatte er eine vergnügte Zeit. Am Ende verkündete er, dass er nun seine Vettern in den anderen Burgen kennen lernen wolle.

„Es müssen aber zwei von euch mitkommen, um den anderen zu erklären, weshalb ich so klein wie ein Mensch bin", fügte er hinzu, „sonst fressen sie mich auf."

Zwei der Riesen erklärten sich sofort bereit, dies zu übernehmen, und sie machten sich auf den Weg. Pimpelhans blieb drei Tage in jeder Burg. Seine „Vettern" nahmen ihn begeistert auf und sorgten dafür, dass es ihm an nichts fehlte. Mit großem Interesse hörten sie, wie er in die Hände der Menschen gefallen sei und wie er ihnen schließlich habe entkommen können.

Nach vielen solchen Gesprächen fragte Pimpelhans scheinbar gleichgültig, was sich hinter der dritten Burg befände und ob sie jemals die Umgebung erkundet hätten. Er hoffte, auf diese Weise etwas über das Ungeheuer zu erfahren.

„Wir gehen niemals in diese Richtung und raten dir, es ebenfalls nicht zu tun", antworteten die Riesen. „Zwischen den Bergen und dem Meer lebt das schreckliche Ungeheuer, das unsere Mütter zur Welt gebracht hat. Es ist so groß, dass es mit seinem Kopf den Himmel und mit seinem Leib die Erde berührt. Wenn es Hunger hat, frisst es eine ganze Bergwand, und wenn es durstig ist, schlürft es das Meer bis zum Grund leer. Es wäre der blanke Wahnsinn, diesem Ungeheuer zu nahe zu kommen, denn es kümmert sich keinen Deut darum, dass wir seine Enkel sind. Wenn es uns erwischen könnte, würde es uns alle vierzig, ja alle hundertzwanzig, auf der Stelle verschlingen."

„Habt ihr niemals versucht, euch an das Ungeheuer heranzuschleichen und es zu töten?"

„Wie sollte uns das gelingen, dazu sind wir doch viel zu groß. Und überhaupt, glaubst du, es wäre so einfach, ein solches Ungetüm zur Strecke zu bringen?"

„Ich bin aber klein, mich würde es so leicht nicht entdecken. Passt auf, ich will versuchen, mich dem Ungeheuer unbemerkt zu nähern und unter seinen Bauch zu kriechen. Ihr werdet sehen, was dann passiert. Gebt mir einen langen Spieß und einen Bogen, bewaffnet euch ebenfalls mit Pfeil und Bogen und folgt mir. Oder wollt ihr etwa nicht, dass wir das Ungeheuer töten?"

„Natürlich wollen wir das. Lass uns auch unsere Vettern zu Hilfe rufen."

„Das wollte ich gerade vorschlagen. Schickt jemanden los, um sie zu holen, und wie gesagt, vergesst euren Bogen nicht, wir brauchen viele, viele Pfeile."

Am nächsten Morgen waren alle da. Einhundertzwanzig schreckliche Riesen, ein ganzes Heer. Und

Pimpelhans war ihr Anführer, eine Miniaturausgabe von einem „Riesen". Sie mussten noch eine ganze Woche laufen, bis sie in der Ferne das Ungeheuer sahen. Als sie näher kamen, verdunkelte sich der Himmel, und die Sonne schien nicht mehr. Da bekamen sie es mit der Angst zu tun, und sie zitterten wie Espenlaub. Nur einer von ihnen blieb völlig ungerührt.

„Wir gehen keinen Schritt weiter", sagten die Riesen zu ihrem Anführer.

„Gut, aber haltet euch mit gespannten Bogen bereit", kam die Antwort.

Pimpelhans duckte sich und schlich allein weiter. Er pirschte von Busch zu Busch, von Stein zu Stein, kroch, ohne sich lange zu besinnen, unter das Ungeheuer und rammte ihm den Spieß tief in den Leib hinein. Das riesige Geschöpf stieß einen furchtbaren Laut aus und neigte den Kopf, um die Ursache seines Schmerzes festzustellen. In diesem Augenblick traf es ein Pfeil mitten ins Auge. Es stöhnte dumpf auf, und die Riesen, die nun wussten, dass es verletzt war, kamen aus ihren Verstecken und beschossen es mit Pfeilen. Das Ungeheuer tobte und raste, es rollte seinen gewaltigen Leib ein, streckte ihn wieder aus und riss vor Entsetzen Felsbrocken los. Die Berge erbebten, das Meer schäumte, und die ganze Natur geriet in Aufruhr, bis das Ungetüm, das inzwischen aus unzähligen Wunden blutete, seinen Angreifern erlag. Es war eine grässliche Angelegenheit, glaubt mir, ihr könnt froh sein, dass ihr nicht dabei wart.

Als alles vorüber war und Stille eintrat, sagte Pimpelhans zu seinen „Brüdern":

„Wir müssen den Kadaver ins Meer werfen, damit wir uns hier in Zukunft frei bewegen können."

„Das ist unsere Arbeit", meinte einer der Riesen. „Du kannst dich inzwischen ausruhen und einen Spaziergang machen."

Das ließ sich Pimpelhans nicht zweimal sagen. Er

kehrte den Riesen den Rücken und setzte seinen Weg fort.

Zwanzig Tage war er noch unterwegs, bis er vor sich das Königreich mit der Burg der drei Mädchen erblickte. Als er vor die Tore der Stadt kam, erwartete ihn eine Überraschung. Auf einem Feld neben der Straße sah er Menschen in gebückter Haltung stehen. Es hatte den Anschein, als ob sie dabei wären, Ähren zu lesen, doch keiner von ihnen bewegte sich. Pimpelhans ging auf die Gruppe zu, sprach einen Mann an und packte ihn an der Schulter. Der andere reagierte nicht. Da erinnerte er sich, was er über dieses Königreich gelesen hatte, dass nämlich seine Bewohner von Zeit zu Zeit in einen tiefen Schlaf fielen. Der Anblick der reglosen Menschen machte ihn traurig, dann aber dachte er sich: „Vielleicht ist es ganz gut so, jetzt kann mich zumindest niemand daran hindern, von der Erde zu nehmen. Wer soll mir aber die Tore öffnen, wenn ich in die Burg will, um die Prinzessin

zu sehen? Nun, das wird sich finden, kommt Zeit, kommt Rat."

Er betrat die Stadt und blickte sich neugierig um. Auf den Straßen war viel Volk. Werkstätten und Läden standen offen, doch niemand rührte sich. Ein Mann trug einen Korb, ein anderer hatte sich einen Sack auf die Schultern geladen, als wollte er ihn gerade wegtragen, ein dritter hielt Geld in der ausgestreckten Hand, um Tomaten zu kaufen, und einen vierten hatte der Schlaf überrascht, während er einen Sesamkringel aß. Die Menschen waren eingeschlafen, wo sie gerade gingen und standen, und es war offensichtlich, dass es am hellen Tag geschehen war, während alle arbeiteten. Über derartigem Schauen und Staunen war Pimpelhans bis an die Burg gelangt. Am Eingang lehnten die Wachen, drei an jeder Seite, hielten Lanzen und Schilde in den Händen und schliefen im Stehen. Das Tor war offen, und Pimpelhans ging in den Hof, in dessen Mitte der Zitronenbaum stand. Man hatte ein Geländer um ihn gezogen, und die Erde, in der er wuchs, war rotschwarz und locker, genau wie es Pimpelhans in den Büchern gelesen hatte. Das war die wundertätige Erde, um derentwillen er so viele Gefahren auf sich genommen hatte. Er steckte eine Handvoll davon in seinen Beutel und dankte dem Schicksal, dass ihm alles so gut geglückt war.

Bevor er den Heimweg antrat, wollte er noch etwas anderes tun. Er ging auf das prächtige Hauptgebäude der Burg zu und betrat mit Herzklopfen den großen Saal, wo der König auf dem Thron saß und schlief. Er trug sein Festtagskleid und hatte eine goldene Krone auf dem Kopf, in der einen Hand aber hielt er eine Zählschnur mit Perlen aus Bernstein. Pimpelhans betrachtete ihn eine Weile nachdenklich und nahm dann die Perlenschnur an sich. „Vielleicht benötige ich sie noch", dachte er. Neben dem König saß die Königin. Der Schlaf hatte sie überrascht, als sie

sich eben mit ihrem Fächer Luft zufächeln wollte.
Pimpelhans steckte den Fächer ein und ging in das
nächstgelegene Zimmer, wo er ein schönes Mädchen
in kostbaren Gewändern fand. Es bestand kein Zwei-
fel, dass es sich um eine Prinzessin handelte, doch
Pimpelhans wusste, dass es nicht die richtige war. Er
wollte auch von ihr etwas mitnehmen, deshalb zog er
ihr einen goldenen Kamm aus dem Haar. Im Nebenzimmer saß die zweite Königstochter, deren Schönheit die ihrer Schwester noch übertraf. Pimpelhans
löste eine Anstecknadel mit wertvollen Edelsteinen
von ihrem Kleid und steckte sie ein. Nun wusste
er bereits, dass er im nächsten Zimmer die jüngste
Königstochter finden würde, die schönste von allen.
Mit angehaltenem Atem öffnete er die Tür, und als
er sie dort in einem Sessel sitzen sah, schlug ihm
das Herz bis zum Hals. Es war tatsächlich das Mädchen, das ihm im Traum erschienen war. Lange Zeit
stand er in den Anblick versunken und konnte sich

nicht losreißen. Wie gern wäre er in diesem Raum geblieben, bis die Prinzessin wieder erwachte, doch er musste seinem Vater die wundertätige Erde bringen. Außerdem wusste er nicht, wann die drei Monate vorüber waren. Wie es schien, hatte sie der Schlaf beim Sticken überrascht, denn in ihrem Schoß lag eine halb fertige Handarbeit. Pimpelhans nahm den Stoff, legte ihn sorgfältig zusammen und steckte ihn in seinen Beutel. Er zögerte einen Augenblick, dann zog er sich einen Ring vom Finger, in den sein Name eingraviert war, und tat das Gleiche bei der Prinzessin, denn auch sie trug einen Ring mit ihrem Namen. Nachdem er ihr seinen Ring an den Finger gesteckt hatte, steckte er den ihren an, beugte sich zu ihr hinunter und küsste sie innig auf beiden Wangen. Und seine Liebe war so groß, dass bei diesem Kuss zwei Rosen zu Boden fielen. „Jetzt sind wir verlobt", sagte er. „Wenn sie erwacht, wird sie alles wissen. Ich bin sicher, dass sie Himmel und Erde in Bewegung setzen wird, um mich zu finden, und dann soll sie meine Frau werden." Er bückte sich und hob die beiden Rosen auf. Da erinnerte er sich, wie er einst gelesen hatte, dass die Menschen in diesem Königreich von ihrem Fluch befreit würden, wenn sechs Rosen aus Liebe zu Boden fielen. „Zwei Rosen sind zu Boden gefallen", dachte Pimpelhans. „Ich will sie mitnehmen, denn sie besitzen gewiss eine große Kraft und können mir helfen, wenn ich in Schwierigkeiten bin."

Er wollte nun keine Zeit mehr verlieren und machte sich auf den Heimweg. Einige Tage später gelangte er zu der Stelle, wo er gemeinsam mit den Riesen das Ungeheuer getötet hatte. Seine „Brüder" und „Vettern", hatten sich die ganze Zeit über damit abgemüht, den riesigen Kadaver ins Meer zu wälzen. Es war eine harte Arbeit gewesen, doch gerade als Pimpelhans zurückkam, gaben sie dem Ungeheuer den letzten Stoß, und der Weg war frei.

Wie sie sich nun umdrehten, sahen sie plötzlich

ihren Anführer vor sich.

„Wo bist du so lange gewesen?", fragten sie ihn.

„Ich habe euch von jenem Gipfel dort beobachtet und eure Stärke bewundert", antwortete er.

Die Riesen glaubten ihm.

„Komm, wir wollen unseren Sieg feiern", sagten sie.

Sie versammelten sich in der ersten Burg und zechten fröhlich die ganze Nacht hindurch. Während aber die Riesen den Wein eimerweise in sich hineinkippten, leerte Pimpelhans seinen Becher immer wieder unter dem Tisch aus, damit er einen klaren Kopf behielt. Und als dann am nächsten Morgen ein vielstimmiges Schnarchen ertönte, nutzte er die Gelegenheit, um sich heimlich aus dem Staub zu machen.

Drei Tage war er unterwegs, als hinter ihm die Erde erbebte. Das schreckliche Getöse stammte von den Riesen, die ihm dicht auf den Fersen waren. Sobald sie gemerkt hatten, dass er davongelaufen war, ohne sich von der Riesin zu verabschieden, deren Sohn er ja angeblich war, fiel es ihnen wie Schuppen von den Augen. Sie zweifelten nun nicht mehr daran, dass er ein Mensch war, und jagten wutentbrannt hinter ihm her, um ihn zu fressen. Dabei hatten sie völlig vergessen, dass er ihnen geholfen hatte, das Ungeheuer zu töten. Pimpelhans lief, so schnell er konnte, doch die Riesen waren schneller als er. Zu allem Unglück geriet er dann in ein Sumpfgebiet. Er mühte sich verzweifelt weiterzukommen, doch bald war er so tief im Schlamm versunken, dass er weder vor noch zurück konnte. Die Riesen hatten ihn fast erreicht, als er auf die Idee kam, eine der beiden Rosen auf den schlüpfrigen Untergrund zu werfen. Wie durch ein Wunder hatte er plötzlich wieder festen Boden unter den Füßen und lief durch den Sumpf, ohne dass seine Füße ein einziges Mal den Halt verloren hätten. Den Riesen aber erging es schlecht. Sie versuchten vergebens, Pimpelhans einzuholen, und versanken dabei bis zum Hals im Morast. Schließlich gaben sie auf und kehrten über und über mit Schlamm besudelt und tief beschämt in ihre Burgen zurück.

Wenige Tage später erreichte Pimpelhans die Stelle, wo er sich von seinen Brüdern getrennt hatte. Als er unter dem Stein nachsah, unter dem sie ihre Ringe zurückgelassen hatten, fand er nur seinen eigenen. Da wusste er, dass seine Brüder unverrichteter Dinge kehrtgemacht hatten, und er konnte sich gut vorstellen, in was für einem Gemütszustand er sie antreffen würde. Wenn sie obendrein noch erfahren würden, dass er die wundertätige Erde gefunden hatte, wären sie gewiss zu allem fähig. „Ich werde es ihnen trotzdem sagen", dachte er, „und ihnen Erde geben." Er bückte sich und steckte eine Hand voll gewöhnlicher Erde in die Hosentasche. Die echte hatte er in seinem Beutel gut verwahrt.

Dann ging er in die nahe gelegene Stadt, und es traf sich, dass er im gleichen Wirtshaus abstieg, wo seine

Brüder nun schon viele Tage logierten. Von dem Wirt erfuhr er, dass die beiden Prinzen mit einem Gefolge von jeweils fünfzig Berittenen angekommen seien und vom ersten Tag an ein Leben in Saus und Braus geführt hätten. Sie hätten gezecht und geprasst, bis ihnen das Geld ausgegangen sei, dann hätten sie die Pferde verkauft und die Männer weggeschickt, weil sie sie nicht mehr hätten ernähren können. Inzwischen sei es mit ihnen nun so weit gekommen, dass sie bei einem Bäcker und bei einem Koch in den Dienst getreten seien, um sich ihr tägliches Brot zu verdienen. Pimpelhans musste nicht lange suchen, bis er seine Brüder fand. Sie waren in einer bedauernswerten Verfassung.

„Kommt, lasst uns gehen", sagte er zu ihnen.

„Aber wir können nicht ohne die Erde nach Hause kommen. Oder hast du sie etwa gefunden?"

„Ja, ich habe sie gefunden. Unser Vater wird wieder sehen", antwortete Pimpelhans.

„Gib uns auch etwas davon ab, damit wir nicht mit leeren Händen dastehen", sagte der älteste Bruder mit dem unschuldigsten Gesicht der Welt.

„Gut, kommt her", willigte Pimpelhans ein und gab ihnen etwas von der gewöhnlichen Erde, die er unterwegs aufgesammelt hatte.

Dann machten sie sich auf den langen Heimweg. Die beiden älteren Brüder steckten bei jeder Gelegenheit die Köpfe zusammen und flüsterten.

„Wir müssen ihn loswerden", sagte der eine.

„Und zwar ein für alle Mal", meinte der andere.

„Wie sollen wir das aber anstellen?"

Als sie an einen Brunnen kamen, hatten sie eine Idee. Ein Seil hing über den Rand, doch ein Eimer war nicht vorhanden.

„Einer von uns muss an dem Seil in den Brunnen steigen und Wasser holen", sagte der älteste Bruder.

„Am besten wird es sein, wenn der Leichteste diese Arbeit übernimmt", fügte der mittlere Bruder hinzu.

Das war natürlich niemand anderes als Pimpelhans.

Sie banden ihm das Seil um die Hüfte und ließen
ihn in den Brunnenschacht hinab. Dann glitt ihnen
das Seil aus der Hand, was freilich nicht ganz zufällig
geschah, worauf sie schnurstracks das Weite suchten.

Drei Monate brauchten sie noch, bis sie wieder zu
Hause waren, doch dann liefen sie voller Stolz zu
ihrem Vater.

„Habt ihr die Erde gefunden?", war die erste Frage
des Königs.

„Natürlich haben wir sie gefunden. Komm, wir
wollen sie gleich ausprobieren."

In diesem Augenblick kam die Königin dazu. Voller
Freude umarmte und küsste sie ihre Söhne. „Das
habt ihr gut gemacht, Kinder", sagte sie, „doch wo ist
der Jüngste?"

„Wir wissen es nicht, wir haben ihn unterwegs aus
den Augen verloren. Er war untröstlich, dass wir die

Erde gefunden haben."

„Wollen wir jetzt über Pimpelhans reden", brummte
der König, „oder gebt ihr mir endlich die Erde?"

Sie setzten der Erde Wasser zu und strichen ihrem
Vater den Schlamm auf die Lider, doch das Einzige,
was sie damit erreichten, war, dass ihm die Augen
brannten.

„Alle Ärzte sind Betrüger", rief der König ärgerlich.
„Ich will nicht, dass ihr mir noch einmal irgendeine
Medizin gebt, was immer mir auch zustoßen sollte."

Pimpelhans aber saß in der Falle. Es verging ein
Tag, dann ein zweiter und ein dritter. Zu seinem
Glück gab es kaum Wasser in dem Brunnen, nur an
der tiefsten Stelle stand eine kleine Pfütze. Er saß also
auf dem Trockenen und harrte geduldig aus. Vielleicht hatte Gott Mitleid mit ihm und mit seinem
Vater, der niemals sein Augenlicht wiedererlangen
würde, wenn er in dem Brunnen verhungerte. Auch
die Königstochter wäre dann nur ein schöner Traum

gewesen. „Hoffentlich müht sie sich nicht unnötig, um mich zu finden", sagte sich Pimpelhans. Und ein süßes Sehnen erfüllte seine Brust, als er an die Küsse dachte, die er ihr gegeben hatte. Gleich darauf fiel sein Blick auf die engen Wände rings um ihn her, und das Herz wurde ihm wieder schwer. Plötzlich erinnerte er sich, dass ihn die Rose gerettet hatte, als er von den Riesen verfolgt wurde. „Vielleicht kann mir jetzt die andere Rose nützen", dachte er und warf die Blume in die kleine Wasserlache auf dem Boden. Und es geschah tatsächlich ein Wunder. Irgendwo aus der Tiefe sprudelte Wasser hervor, und der Brunnen füllte sich allmählich. Erst stand Pimpelhans das rettende Nass bis zu den Knien, dann bis zur Hüfte, dann bis zum Hals. Vor dem Ertrinken brauchte er sich nicht zu fürchten, denn er konnte schwimmen. Bald spürte er keinen Grund mehr unter den Füßen, das Wasser aber stieg weiter und nahm ihn mit sich in die Höhe. Es stieg und stieg, und als er den Brun-

nenrand erreicht hatte, sprang Pimpelhans mit einem Satz ins Freie.

Sein erster Gedanke galt der Erde in seinem Beutel. Was, wenn sie das Wasser nun aufgelöst und weggeschwemmt hatte? Das Schicksal meinte es allerdings gut mit unserem Helden. Kein einziger Wassertropfen war in seinen Beutel gelangt, und sowohl die Erde als auch die Stickerei der Königstochter, der Fächer und all die anderen Gegenstände, die er aus der Burg der drei Mädchen mitgenommen hatte, waren unversehrt geblieben. Froh und guter Dinge machte sich Pimpelhans auf den Heimweg.

Auch er war drei Monate unterwegs, bis er zum Schloss seiner Eltern kam. Von allen unbemerkt, schlich er sich heimlich in das Zimmer seiner Mutter. Die Königin, die ihren Sohn verloren geglaubt hatte, brach in Tränen aus, als sie ihn plötzlich vor sich stehen sah. Sie umarmte und küsste ihn, und auch Pimpelhans wurden die Augen feucht.

„Was ist passiert, mein Kind?", fragte die Königin. „Deine Brüder haben gesagt, dass sie dich unterwegs aus den Augen verloren hätten."

„Das ist eine lange Geschichte, Mutter, ich erzähle sie dir später." Pimpelhans wollte sich seiner Mutter noch nicht anvertrauen, denn er fürchtete, dass sie das Gehörte nicht für sich behalten konnte. „Nimm diese Erde hier und setze ihr Wasser zu. Den Schlamm streiche Vater auf die Augen, damit er endlich wieder sehen kann."

„Ach Kind, auch deine Brüder haben Erde mitgebracht, doch sie hat nichts bewirkt. Dein Vater lehnt nun jegliche Hilfe ab."

„Mutter, diese Erde wird ihm sein Augenlicht wiedergeben. Geh nur, du wirst ihn schon überzeugen."

Anfangs wollte der König kein Wort von Pimpelhans und seiner Erde hören, doch seine Frau redete so lange auf ihn ein, bis er schließlich nachgab und ihr gestattete, das Wundermittel auszuprobieren. Und tatsächlich, kaum hatte sie den Schlamm auf seine Augen getan, konnte er wieder sehen. Überglücklich rief er Pimpelhans herbei, und zum ersten Mal in seinem Leben schloss er seinen jüngsten Sohn in die Arme.

Die beiden älteren Brüder ärgerten sich furchtbar, als sie erfuhren, was geschehen war. Sie liefen zu ihrem Vater und behaupteten, dass Pimpelhans ihnen die Erde gestohlen hätte, und der König, der ihnen nur allzu gern glauben wollte, wurde so wütend, dass er den Befehl gab, Pimpelhans in den Kerker zu werfen.

Sechs Monate gingen ins Land. Der jüngste Königssohn war nach wie vor eingesperrt, und die Königin weinte sich die Augen aus dem Kopf, bis eines Tages Fremde im Schloss erschienen. Sie waren von weit her gekommen, aus jenem Königreich, aus dem Pimpelhans die wundertätige Erde geholt hatte.

Als die Menschen dort erwacht waren und ihre

Beschäftigungen fortsetzen wollten, bei denen sie der Schlaf übermannt hatte, griff der König vergebens nach seiner Zählschnur. Die Königin suchte ihren Fächer, die älteste Königstochter wollte sich das Haar mit ihrem goldenen Kamm hochstecken und konnte diesen nirgendwo finden, und die mittlere sah im Spiegel, dass ihre kostbare Anstecknadel nicht an ihrem Platz war. Die jüngste aber wollte ihre Stickerei beenden, und auch diese war wie vom Erdboden verschluckt. Da fiel ihr Blick auf ihre Hände, an denen sie anstelle ihres eigenen Ringes einen fremden entdeckte. In ihrem Ring aber war ihr Name eingraviert gewesen, sie hieß Poulia, das Siebengestirn, und in dem Ring, den sie nun abnahm, stand der Name Avgerinos. Dann sah sie auf ihrem Sessel links und rechts von ihrem Kopf ein Rosenblatt liegen. Es wurde ihr klar, dass sie derjenige, der die Ringe vertauscht hatte, auf beide Wangen geküsst haben musste, und sie errötete. Nachdenklich führte sie den fremden Ring an ihre Lippen, und vor Rührung traten ihr die Tränen in die Augen. Und sie wusste, dass sie nicht eher Ruhe finden würde, bis sie den jungen Mann, dem der Ring gehörte, kennen gelernt hatte. Plötzlich fiel ihr etwas ein. Sie ging in den Hof, wo der Zitronenbaum stand, und als sie die aufgewühlte Erde sah, erriet sie, dass derjenige, der die Ringe vertauscht hatte, eigentlich gekommen war, um die wundertätige Erde für einen blinden König zu holen. Sie musste für einen König bestimmt gewesen sein, denn ein einfacher Mann hätte nie die Möglichkeit gehabt, jemanden auf eine so weite und gefährliche Reise zu schicken. Poulia lief zu ihren Eltern und den Schwestern und erzählte ihnen alles. Sie bestand darauf, dass sie den tapferen jungen Mann finden müssten, der es geschafft hätte, bis zu ihnen vorzudringen. Die Schwestern waren begeistert, doch der König und die Königin wollten nichts davon wissen. Allerdings hatten sie nicht mit der Hartnäckigkeit ihrer Töchter gerechnet. Die Prin-

zessinnen bestürmten ihre Eltern so lange, bis diese ihnen die Erlaubnis gaben, in die Welt zu ziehen. Sie befahlen zwei getreuen Offizieren, auf die Mädchen aufzupassen, und gaben ihnen zwölf Bewaffnete zum Geleit. In drei Kutschen brachen sie dann auf. Die Prinzessinnen trugen Männerkleider, sie hatten ihr Haar geschnitten und gelernt, wie Männer zu sprechen und zu gehen. Niemand wäre auf den Gedanken gekommen, sie für Mädchen zu halten.

Die Offiziere führten ihre Schützlinge auf einem unbekannten Weg aus dem Königreich, sodass ihnen eine Begegnung mit den Riesen erspart blieb und sie nicht durch den Sumpf mussten. Auch von dem Feuer und den Wirbelstürmen blieben sie verschont.

Die Mädchen hatten sich einen Plan zurechtgelegt. Wo sie auch hinkamen, fragten sie nach einem König, der blind war und nun wieder sehen konnte. Sie mussten lange suchen, bis sie endlich in ein Königreich kamen, wo sie die gewünschte Auskunft erhielten.

Der dortige Herrscher wäre plötzlich erblindet, hätte aber vor sechs Monaten durch eine heilkräftige Erde, die seine Söhne aus einem fernen Land geholt hätten, sein Augenlicht wiedererlangt. Unklarheit herrschte nur darüber, ob es die beiden älteren Söhne gewesen waren, die die Erde geholt hatten, oder der jüngste. „Wie heißt der jüngste?", fragte die dritte Königstochter. „Avgerinos", war die Antwort.

„Lasst uns ins Schloss gehen", sagte das Mädchen zu ihren Schwestern.

„Ja und zwar schnell", antworteten diese freudestrahlend.

Sie baten um eine Audienz beim König, der die drei jungen Männer mit dem größten Vergnügen empfing, zumal ihre Kleidung und ihr Auftreten zeigten, dass es sich um Prinzen handelte.

Die jüngste Königstochter ergriff das Wort:

„Mein Vater, der in einem fernen Land König ist, hat sein Augenlicht verloren. Nun haben wir gehört, dass Euch das Gleiche widerfahren ist und dass Ihr durch eine besondere Erde geheilt wurdet. Wir haben die weite Reise auf uns genommen, um Euch zu fragen, wo Ihr diese Erde gefunden habt."

„Es freut mich, wenn ich sehe, dass sich junge Leute um ihren Vater sorgen", entgegnete der König. „Auch meine Söhne haben damals keine Mühe gescheut, um mir die wundertätige Erde zu bringen." Er ließ die beiden älteren Prinzen rufen.

Als sie den Thronsaal betraten, schaute ihnen die jüngste Königstochter sofort auf die Hände. Keiner von beiden trug ihren Ring. Dann fragte sie nach der Erde, bekam jedoch nur ungereimtes Zeug zu hören.

„Möge Euch ein langes Leben beschieden sein, Majestät." Die jüngste Königstochter wandte sich erneut an den König. „Ich will die Vorzüge Eurer Söhne nicht schmälern, doch wie ich sehe, zögern sie, uns zu sagen, wo sie die Erde gefunden haben. Wir haben gehört, dass Ihr noch einen dritten Sohn habt,

Avgerinos mit Namen", der König zuckte merklich zusammen, „der gemeinsam mit seinen Brüdern ausgezogen ist, um die Erde zu holen. Vielleicht können wir auch mit ihm sprechen?"

„Teure Prinzen", entgegnete der König, „erinnert mich nicht an diesen Sohn, der nicht mehr mein Sohn ist. Von ihm könnt ihr nichts, aber auch nicht das Geringste erfahren, deshalb lohnt es nicht, ihn zu rufen."

„Wenn er nun aber doch etwas weiß? Es geht um das Wohl unseres Vaters, Majestät, wir flehen Euch an, tut uns diesen Gefallen!"

Als der König sah, wie sehr ihnen daran lag, ihrem Vater zu helfen, war er gerührt und beschloss, ihre Bitte zu erfüllen.

„Gut, hören wir also, was er uns zu sagen hat, obwohl ich sicher bin, dass er nichts weiß."

Nun saß Pimpelhans allerdings im Kerker und befand sich vermutlich in einem Zustand, in dem ihn der König unmöglich holen lassen konnte.

„Ihr werdet meinen jüngsten Sohn kennen lernen", versprach er den fremden Prinzen. „Er ist leider im Moment nicht da, deshalb müsst ihr euch bis morgen gedulden. Lasst uns gemeinsam etwas essen, dann könnt ihr euch von eurer Reise erholen. Ich werde euch ein Zimmer herrichten lassen. Morgen wollen wir uns erneut hier zusammenfinden, dann wird er auch kommen."

Nach diesem Gespräch rief der König heimlich seinen treuesten Diener zu sich und befahl ihm, Pimpelhans aus seiner Gefangenschaft zu befreien. Man sollte ihn waschen, rasieren, ihm die Haare schneiden und ihm saubere Gewänder geben, damit er sich vor den Gästen sehen lassen konnte.

Am nächsten Tag kamen sie alle wieder zusammen: der König und die Königin, die drei fremden Prinzen und die beiden älteren Söhne des Königs. Wenige Minuten später betrat Pimpelhans den Thronsaal.

Als man ihn aus dem Kerker geholt hatte, ahnte er bereits, was geschehen war, und wie er nun die drei Prinzen sah, durchschaute er ihre Maskerade sofort. Der jüngsten Königstochter aber wäre beinahe ein Jubelschrei entfahren, als sie an einer Hand des jungen Mannes ihren Ring entdeckte. Sie biss sich auf die Lippen und versuchte, gleichgültig dreinzuschauen, soweit es ihr möglich war. Pimpelhans entging ihre Erregung nicht, ebenso wie ihm nicht entging, dass sie seinen Ring trug.

„Sag einmal, weißt du vielleicht, wo deine Brüder die Erde gefunden haben, die du ihnen gestohlen hast?" fragte der König.

„Ich glaube, es ist an der Zeit, Vater, dass du die ganze Wahrheit erfährst", entgegnete Pimpelhans. Und er erzählte den Eltern, welche Gefahren er bestanden hatte, um jenes ferne Königreich zu erreichen, wie er zu der Erde gekommen war und wie ihn seine Brüder schließlich in den Brunnen gelockt hatten.

„Er lügt!", schrien die beiden ältesten Königssöhne, doch Pimpelhans ließ sich nicht beirren. Er ging auf die drei Prinzen zu, die in Wirklichkeit Prinzessinnen waren, und holte die Zählschnur des Königs aus seinem Beutel.

„Seht euch diese Zählschnur genau an", sagte er, „sie gehört eurem Vater. Ich habe sie ihm weggenommen, damit ich beweisen kann, dass ich bei euch war und die wundertätige Erde geholt habe."

„Jetzt verstehe ich überhaupt nichts mehr", sagte der König.

„Und ich beginne endlich zu verstehen", sagte die Königin.

„Er hat uns aber die Erde gestohlen", beteuerte der älteste Sohn des Königs.

„Lasst uns nichts überstürzen", sagte Pimpelhans und zog mit unerschütterlicher Ruhe verschiedene Gegenstände aus seinem Beutel. „Dieser Fächer gehört eurer Mutter", fuhr er fort und trat an den

ersten jungen Mann heran, „und dieser Kamm dir. Diese Anstecknadel hier gehört dir", sagte er zu dem zweiten jungen Mann und an den dritten gewandt „und diese Stickerei dir. Ihr seid keine Prinzen, sondern Prinzessinnen in Männerkleidern."

„Wie man sich täuschen kann!", rief verwundert der König.

„Ich hatte gleich so ein Gefühl", sagte die Königin.

„Du trägst den Ring, in den mein Name eingraviert ist", fuhr Pimpelhans fort, indem er die jüngste Königstochter anblickte, „nämlich Avgerinos, und ich habe den Ring mit deinem Namen – Poulia. Komm, wir wollen ihnen die Ringe zeigen." Sie zogen die Ringe vom Finger und reichten sie herum.

„Kann mir vielleicht jemand erklären, was das alles zu bedeuten hat?", wetterte der König los.

„Aber es liegt doch auf der Hand", sagte die Königin. „Diese Mädchen suchen nicht die wundertätige Erde, sondern sie suchen denjenigen, der bei ihnen war und die Erde geholt hat. Und die Prinzessin, die den Ring unseres Sohnes trägt, hat die weite Reise auf sich genommen, weil ihr Herz unserem tapferen Jüngsten gehört."

„Ist das wahr?", fragte der König die drei Mädchen.

„Ja, das ist wahr", sagten die beiden älteren Königstöchter wie aus einem Munde und stießen ihre Schwester an. Poulia fiel Avgerinos in die Arme.

„Ergreift diese zwei und knüpft sie auf der Stelle auf", rief der König den Wachen zu und zeigte auf seine beiden ältesten Söhne, die vor Angst weiß wie die Wand wurden.

„Nein, Vater", unterbrach ihn Avgerinos, „ich glaube, sie sind genug gestraft. Was meinst du, Mutter?"

„Ich finde, wenn man Hochzeit halten will, sollte man allen vergeben, die Böses getan haben."

„Also gut! Morgen beginnen die Vorbereitungen", beschloss der König. „Ladet auch die Könige und

Prinzen aus den Nachbarländern ein! Ich möchte, dass dieses Fest allen in Erinnerung bleibt."

Und das blieb es auch. Allein die Hochzeitsvorbereitungen dauerten vierzig Tage. Zwei Prinzen kamen aus den benachbarten Königreichen, um dabei zu helfen, und als sie die Schwestern der Braut sahen, machte deren Schönheit einen so großen Eindruck auf sie, dass sie auf der Stelle um ihre Hand anhielten und es eine dreifache Hochzeit wurde. Und noch etwas: Der jüngste Königssohn, den inzwischen niemand mehr Pimpelhans nannte, erinnerte sich während der Hochzeitszeremonie daran, dass der Zauber, der die Menschen im Königreich der drei Mädchen von Zeit zu Zeit in einen tiefen Schlaf fallen ließ, nur dann gebrochen werden konnte, wenn sechs Rosen aus Liebe zu Boden fielen. Als der König nun die Prinzen aufforderte, ihre Bräute zu küssen, rief er laut:

„Erst auf die eine Wange und dann auf die andere!"

Die Prinzen küssten die Prinzessinnen auf beide Wangen, und sechs Rosen fielen zu Boden. Auf diese Weise wurde der Zauber gebannt. Seit die Liebe alle Hindernisse überwunden hatte, war die Reise in jenes ferne Königreich nicht mehr gefährlich, und die Entfernungen schmolzen zusammen. Es war ein ständiges Kommen und Gehen, und alle lebten glücklich und vergnügt bis an ihr Ende.

Das Märchen ist aus, Gute Nacht Herrschaften!

Der Zauberspiegel

uten Abend, Herrschaften, das Märchen beginnt.

Es war einmal ein König und eine Königin, die hatten drei Kinder, doch es waren lauter Knaben, und so trefflich diese auch geraten sein mochten, wünschten sie sich doch nichts sehnlicher als eine Tochter. Die Königin betete Tag und Nacht, und weil sie eine gute Frau war, wurde ihr Flehen schließlich erhört. Sie brachte ein Mädchen zur Welt, das so schön war, wie man es niemals zuvor bei einem Kind gesehen hatte. Es war ein wahres Geschenk des Himmels, und als es in der Wiege lag, ging ein Leuchten von ihm aus, das den ganzen Raum erhellte. Jedermann im Schloss suchte nach einem Vorwand, um sich im Zimmer des Neugeborenen aufzuhalten und seine Schönheit zu bewundern. Auch die drei jungen Prinzen konnten sich nicht genug an ihrer Schwester freuen. Sie beschäftigten sich den ganzen Tag mit ihr, trugen sie auf dem Arm, wiegten sie in den Schlaf, und der König und die Königin waren überglücklich.

Das Mädchen wurde Daphne genannt, und sein Liebreiz war in aller Munde.

Eines Nachts jedoch klopfte der Tod an das Schlosstor, jener finstere Geselle, der niemandem Rechenschaft schuldet. Er holte die Königin, die plötzlich erkrankt war, und wo eben noch eitel Sonnenschein herrschte, gab es nun nichts als Tränen. Der König verlor vor Kummer fast den Verstand, die Knaben schluchzten zum Herzerbarmen, und die kleine Daphne sah die Welt verständnislos aus ihren großen Augen an.

127

Zum Glück fand sich bald eine Amme für sie. Es war eine sehr junge Frau, fast noch ein Mädchen, und sie war außerordentlich hübsch. Mit dem größten Eifer verrichtete sie alle Arbeiten, die man ihr auftrug. Sie versorgte nicht nur den Säugling, sondern kümmerte sich auch um die Prinzen, die sich wie ihre Schwester nach einem liebevollen Wort sehnten. Die Amme tat alles, um den König zufrieden zu stellen, und das gelang ihr auch, denn er sah, dass sie die Herzen seiner Kinder erobert hatte. Nun handelte sie aber nicht aus Mitgefühl, sondern war einzig und allein von dem Wunsch besessen, eines Tages den König zu heiraten und selbst Königin zu werden. Obgleich sie sah, dass der König in seinem Schmerz keine Frau auch nur eines Blickes würdigte, gab sie die Hoffnung nicht auf und fasste sich in Geduld.

Die Kinder wuchsen heran, und Daphne wurde von Tag zu Tag schöner. Sie hing an der Amme, die bei ihr Mutterstelle vertrat, und auch die Knaben liebten die junge Frau von Herzen. Diese wiederum wusste, dass die Kinder ihren geheimen Absichten förderlich sein konnten. Eine weitaus wirkungsvollere Waffe war jedoch ihre Schönheit, die sie sehr wichtig nahm. Sie besaß einen Zauberspiegel, den sie von Zeit zu Zeit fragte:

„Mein lieber Spiegel, gibt es auf der Welt eine schönere Frau als mich?"

Und der Spiegel antwortete dann stets:

„Du bist die Schönste, und es gibt auf der ganzen Welt keine schönere Frau als dich."

Wenn sie diese Antwort hörte, war sie zufrieden und dachte bei sich: „Eines Tages wird der König auf mich aufmerksam werden." Da dieser Tag aber auf sich warten ließ, unternahm sie etwas anderes. Sie schloss Freundschaft mit der Köchin des Schlosses. Diese Frau liebte der König wie eine Mutter, und wenn sein Schmerz übermächtig wurde, fand er Trost in ihrer Güte. Die Köchin war eine Frau, die von niemandem etwas Böses dachte, daher fiel es der jungen Amme nicht schwer, ihr Vertrauen zu gewinnen.

Als sie einmal wie gute Freundinnen beieinander saßen und über dieses und jenes plauderten, kam die Rede auch auf den König und seinen großen Kummer. Die Amme nutzte die Gelegenheit, um zu sagen:

„Er ist so unglücklich. Ich glaube, das Heilmittel für seinen Zustand wäre, wenn er eine Frau seines Standes fände und wieder heiraten würde. Auch die Kinder brauchen eine Mutter. Es müsste freilich eine gute, weichherzige Frau sein."

Mehr sagte sie nicht, doch das war auch nicht nötig. Am nächsten Tag ging die Köchin von sich aus zum König.

„Mein Herr und Gebieter, möge dir ein langes Leben beschieden sein", begann sie. „Ich sehe, wie du leidest, und es zerreißt mir das Herz. Du kannst nicht für alle Zeiten mit dem Gedanken an eine Tote weiterleben, auch wenn es die beste Frau der Welt war. Da lebt ein Mädchen in deinem Haus, und es ist ein wahres Juwel, du aber bemerkst es nicht. Ich weiß, dass du meine Worte ernst nimmst, denn sie kommen von Herzen und wollen dein Bestes. Höre also auf mich und heirate die Frau, die deine Kinder liebt und die von ihnen wiedergeliebt wird."

Der König sagte weder ja noch nein. Die Köchin lief sogleich zur Amme und erzählte ihr alles. „Der Rest liegt nun bei dir", schloss sie ihren Bericht.

Die junge Frau rieb sich vor Freude die Hände. Sie wusste genau, was sie jetzt tun musste, und ging ins Kinderzimmer.

„Man hat eurem Vater geraten, mich zu heiraten", sagte sie zu ihren Schützlingen, „und falls ihr das auch wollt, was ich ganz sicher glaube, dann sagt es ihm, wenn er euch um eure Meinung fragt."

Wie die Amme erhofft hatte, warteten die Kinder nicht, bis der Vater zu ihnen kam, sondern gingen von sich aus zu ihm und bestürmten ihn mit ihren Bitten. Wenige Tage später fand in der kleinen Schlosskapelle die Hochzeit statt.

Am Anfang blieb alles beim Alten. Die Kinder wuchsen heran, und Daphnes Liebreiz wurde mit jedem Jahr größer. Eines Tages ließ die Amme ihren Blick länger als sonst auf ihrer Stieftochter ruhen, und sie erschien ihr schöner denn je zuvor. Da schlich sich Neid in ihr Herz, und sie lief sofort zu ihrem Zauberspiegel, um ihn zu fragen:

„Mein lieber Spiegel, gibt es auf der Welt eine schönere Frau als mich?"

Und der Spiegel antwortete:

„Du bist sehr schön, doch so schön wie Daphne bist du nicht."

Die Königin erschrak und wurde grün vor Neid. Von jenem Tag an begann sie Daphne schlecht zu behandeln, und bald kam es so weit, dass sie nichts als Hass für die junge Prinzessin empfand. Ohne dass der König etwas davon merkte, setzte sie alles daran, um Daphne unvorteilhaft zu kleiden und ihre Schönheit zu verbergen. Dann fragte sie abermals den Spiegel:

„Mein lieber Spiegel, gibt es auf der Welt eine schönere Frau als mich?"

„Du bist sehr schön, doch so schön wie Daphne bist du nicht," kam die Antwort. Es hätte nicht viel gefehlt, und die Königin hätte den Spiegel vor Wut zerschlagen.

Dann geschah etwas Schreckliches. Der König wurde krank und starb. Die Kinder waren nun ganz der Stiefmutter ausgeliefert, die als Königin schalten und walten konnte, wie sie wollte. Sie ließ Daphne Lumpen tragen und wies ihr die schwersten und schmutzigsten Arbeiten zu. Nicht einmal waschen durfte sich das Mädchen, sodass von ihrer Schönheit nichts mehr zu sehen war. Jetzt bekam die böse Königin von dem Spiegel endlich die Antwort, die sie hören wollte: Auf der ganzen Welt gab es keine schönere Frau als sie selbst.

Daphne litt sehr, doch sie beklagte sich nie. Die Brüder, die sie aus tiefster Seele bedauerten, konnten nichts für sie tun. Und die leichtgläubige Köchin verwünschte den Tag, an dem sie der Amme geholfen hatte, den König zu heiraten und Königin zu werden.

So verging die Zeit, bis die jungen Prinzen das Elend ihrer Schwester nicht mehr mit ansehen konnten und beschlossen, gemeinsam mit ihr zu fliehen. Sie verabschiedeten sich heimlich von der Köchin, und die gute Frau gab ihnen alles Nötige mit auf den Weg.

Die Geschwister gingen aus dem Schloss, ohne sich ein einziges Mal umzudrehen, und als es dämmerte, fanden sie sich in einer gottverlassenen Gegend wieder. Plötzlich brach ein heftiges Gewitter über sie herein. Es blitzte und donnerte ohne Unterlass und regnete, als ob der Himmel all seine Schleusen

geöffnet hätte. Als das Unwetter nachließ, waren die Kinder nass bis auf die Knochen. Sie zitterten vor Kälte und wussten nicht, was sie tun sollten. Da sahen sie in der Ferne ein schwaches Licht, und als sie darauf zugingen, kamen sie zu einer Burg. Das Gebäude lag ganz und gar im Dunkeln, nur durch ein Fenster drang gedämpftes Licht, und das war es gewesen, was sie von weitem gesehen hatten. Die Geschwister klopften an die Tür, und eine alte Frau öffnete ihnen. Sie hatte ein gutes Herz, und wie sie die Kinder völlig durchnässt auf der Schwelle stehen sah, fühlte sie Mitleid mit ihnen. Ohne Fragen zu stellen, zog sie sie ins Innere der Burg, gab ihnen trockene Kleider und schürte das Feuer im Kamin, damit sie sich aufwärmen konnten. Dann kochte sie etwas zu essen und richtete ihnen ein Lager für die Nacht. Erst am nächsten Morgen, als die vier frisch und ausgeruht vor ihr standen, fragte sie, wer ihre Eltern seien und was sie in einer solchen Nacht in diese Einöde verschlagen habe. Die Kinder wussten nicht, wie sie der alten Frau für ihre Gastfreundschaft danken sollten. Sie erzählten ihr, dass sie Waisen waren, wobei sie allerdings ihre königliche Herkunft verschwiegen, und dass sie vor der Bosheit einer Stiefmutter davongelaufen seien, ohne zu wissen, wohin sie sich wenden sollten.

„Ihr könnt hier bleiben, wenn ihr wollt", sagte die Alte. „Als mein Mann noch lebte, hat es mir an nichts gefehlt. Ich hatte bärenstarke Söhne und Töchter, die waren wie Milch und Blut. Doch dann wurden sie alle dahingerafft, und ich blieb mutterseelenallein zurück. Bleibt bei mir, Kinder, hier seid ihr in Sicherheit. Gleichzeitig tut ihr mir damit einen Gefallen, denn ich komme allein nicht mehr so gut zurecht."

Die Kinder beschlossen, in der Burg zu bleiben, zumal sie so erschöpft waren, dass sie eine Ruhepause dringend benötigten.

Doch sehen wir einmal nach, was unterdessen im

Schloss geschah. Die böse Königin schäumte vor Wut, als sie die Abwesenheit der Kinder bemerkte. Sie schickte sofort Bewaffnete aus, die Daphne und ihre Brüder zurückbringen sollten. Die Männer suchten die Geschwister überall, doch sie konnten sie nirgends finden. Schließlich kamen sie zu dem Schluss, dass die vier in dem schrecklichen Unwetter umgekommen waren. Die Königin tat, als ob sie traurig darüber wäre, doch sobald man sie allein ließ, lief sie zu ihrem Spiegel und fragte:

„Mein lieber Spiegel, gibt es auf der Welt eine schönere Frau als mich?"

Und der Spiegel antwortete:

„Du bist die Schönste auf der ganzen Welt."

Nun glaubte sie, dass Daphne tot war, und ihre Freude kannte keine Grenzen.

Die Kinder waren inzwischen wieder zu Kräften gekommen. In der Abgeschiedenheit der Burg vergaß Daphne die Strapazen des Weges und ihr qualvolles

Leben, sodass ihre alte Schönheit zurückkehrte, ja mit jedem Tag größer wurde. Die Brüder gingen auf die Jagd, sie brachten Hasen, Schnepfen oder Rebhühner für den Mittagstisch mit und kümmerten sich um den Garten und das wenige Vieh, das die alte Frau besaß. So lebten sie zufrieden in den Tag hinein. Die einzige Sorge der jungen Prinzen war, dass ihre Schwester nicht aus dem Haus ging, denn sie fürchteten, dass die böse Stiefmutter, die, wie sie glaubten, über Zauberkräfte verfügte, von ihrem Aufenthaltsort erfahren könnte. Daphne verbrachte ihre Tage damit, der alten Frau in der Küche zu helfen oder zu sticken, und ihre Gastgeberin erzählte ihr dabei Geschichten aus ihrem Leben. Sie zeigte ihr alle vierzig Zimmer der alten Burg. „Hier in diesem Bett mit den goldenen Beschlägen haben Könige und Königinnen geschlafen", erklärte sie dem Mädchen bei einem ihrer Rundgänge, „und in diesem Zimmer übernachteten die Prinzen. In der guten alten Zeit hatten wir oft hohen

Besuch, doch jetzt, wo ich allein bin, denkt niemand mehr an mich, außer einem guten Jungen, der mich wie die eigene Mutter liebt. Er ist der einzige Sohn eines Königs, das bedeutet, dass er einmal den Thron besteigen wird, und doch ist er kein bisschen von sich eingenommen, sondern kommt, wann immer er nur kann, um nach dem Rechten zu schauen. Jetzt war er schon lange nicht mehr hier, aber ich weiß, dass er mich nicht vergessen hat."

Sie hatte kaum geendet, als sie unten im Hof Hufgetrappel und das Geräusch von Wagenrädern hörten. Wie sie nun aus dem Fenster schauten, sahen sie eine prächtige Kutsche mit vier Pferden vorfahren.

„Das ist er!", rief die gute Alte. Ein junger Mann in vornehmer Kleidung stieg aus dem Gefährt. „Warte, bis er hochkommt. Es kann nicht von Schaden sein, wenn ihr euch kennen lernt."

„Nein, Mütterchen, ich fürchte mich", entgegnete Daphne. „Meine Brüder sagen, niemand soll erfahren, dass hier in der Burg ein Mädchen lebt. Es könnte sein, dass der Prinz mich ungewollt ins Verderben stürzt, falls ihm ein Wort entschlüpft und dieses dann meiner Stiefmutter zu Ohren kommt."

„Nun gut, tu, was du für richtig hältst", sagte die alte Frau. „Ich möchte aber, dass du dich im Nebenzimmer aufhältst, wenn der Prinz diesen Raum betritt, und dass du ihn dir durch das Holzgitter in der Wand anschaust. Diese Bitte kannst du mir nicht abschlagen."

Die Alte sagte das, weil sie sich an eine Begebenheit aus ihrer Jugendzeit erinnerte. Auch sie hatte man damals versteckt gehalten, und sie hatte durch einen Spalt in der Wand den jungen Fürstensohn gesehen, der später ihr Mann wurde. Sie hatte sich dieses Verhalten niemals verziehen, nicht, weil sie ihn gesehen hatte, sondern weil sie es hinter dem Rücken ihrer Eltern getan hatte. Das war der Grund, weshalb sie Daphne jetzt ausdrücklich erlaubte, sich den Prinzen anzuschauen, ja es sich sogar von ihr erbat. Und überhaupt, konnte man wissen, was sich daraus ergab?

Daphne sah von ihrem Versteck aus, wie der Prinz mit der alten Frau sprach. Sie bemerkte, wie hübsch er war und wie rührend er sich um die Alte bemühte.

„Hast du den Prinzen gesehen, Töchterchen?", fragte die alte Frau, als die Kutsche wieder abfuhr.

„Ja, ich habe ihn gesehen", antwortete Daphne und errötete bis in die Haarwurzeln. Die gute Alte freute sich insgeheim darüber.

Doch verlassen wir nun die Burg der alten Frau, die auch die Burg mit den vierzig Kammern genannt wurde, und begeben wir uns in das Schloss der bösen Stiefmutter zurück.

Je mehr Zeit verging, desto sicherer wähnte sich die Königin, dass Daphne nicht mehr am Leben war.

An einem Sonntag hatte sie vor, in die Kirche zu gehen und der Jungfrau Maria dafür zu danken, dass sich alles so gut gefügt hatte. Wie sie nun ihr Festge-

wand anlegte und sich zufrieden im Spiegel betrachtete, wollte sie wieder einmal hören, dass sie die schönste Frau auf Erden sei. So fragte sie den Spiegel:

„Mein lieber Spiegel, gibt es auf der Welt eine schönere Frau als mich?" Die Antwort fiel allerdings anders aus, als sie erwartet hatte:

„Du bist sehr schön, doch so schön wie Daphne bist du nicht."

Die Königin stand da wie vom Blitz getroffen. Was sollte sie jetzt noch in der Kirche, sie musste Daphne finden und zwar so schnell wie möglich. Von ihrem Zauberspiegel erfuhr sie, dass sich ihre Stieftochter in der Burg mit den vierzig Kammern aufhielt.

Nun galt es zu handeln. Sie lief zu einer Truhe und griff sich eine Hand voll falschen Schmuck. Als Nächstes öffnete sie ihr Schatzkästchen und nahm einen goldenen Ring mit einem Diamanten heraus. Die Königin küsste das kostbare Schmuckstück und

flüsterte: „Du wirst mir helfen, mein Ziel zu erreichen." Sie murmelte einige Zaubersprüche, und nachdem sie den Ring erneut geküsst hatte, steckte sie ihn
zu dem Tand in einen Beutel. Dann zog sie Männerkleider an und besorgte sich einen Kasten, den sie
sich wie ein Händler um den Bauch hängen konnte.
Nach diesen Vorbereitungen verließ sie heimlich das
Schloss und machte sich auf den Weg.

Sobald die Burg der alten Frau in Sicht kam, brei-
tete die böse Königin den Schmuck auf ihrem Bauch-
laden aus. In die Mitte legte sie den Ring mit dem
funkelnden Diamanten. Dann erst ging sie auf das
Gebäude zu und stellte sich unter ein Fenster, wo sie
begann, ihre Ware auszurufen.

Nun wollte es der Zufall, dass Daphnes Brüder
gerade auf der Jagd waren. Das Mädchen selbst saß
in seinem Zimmer und stickte, und nur die alte Frau
hörte den Händler.

„Wie mag es den guten Mann nur in diese Einöde

verschlagen haben", dachte sie, „es ist das erste Mal, dass sich jemand hierher verirrt! Ich will sehen, was er zu verkaufen hat."

Sie ging hinunter und sah sich den Schmuck an, wobei ihr Blick, wie es nicht anders zu erwarten gewesen war, an dem Ring mit dem Diamanten hängen blieb.

„Ich werde diesen Ring für Daphne kaufen", dachte sie und nahm das Schmuckstück in die Hand, um es aus der Nähe zu betrachten.

Die Augen des „Händlers" leuchteten heimtückisch auf.

„Jetzt werden wir sehen, wer die Schönste ist", murmelte er.

„Wieviel kostet dieser Ring?", fragte die alte Frau.

„Du gefällst mir", sagte der Händler. „Nimm ihn und gib mir, so viel du willst."

„Es ist ein wertvolles Stück, und ich werde dich gut bezahlen", entgegnete die Alte, „Ich muss nur das

Geld holen." Mit diesen Worten legte sie den Ring zurück.

Der falsche Händler erschrak, denn er fürchtete, dass die Alte ihre Meinung ändern und nicht wiederkommen würde.

„Nimm ihn nur, gute Frau", drängte er sie. „Du siehst nicht wie eine Betrügerin aus. Ich schaue morgen noch einmal hier vorbei, dann kannst du mich bezahlen." Er drückte ihr den Ring in die Hand und ging weiter, froh, dass ihm seine List geglückt war.

„Sieh nur, was ich für dich gekauft habe!", sagte die alte Frau zu Daphne.

„Ach Mütterchen, womit habe ich deine Güte verdient? Weshalb gibst du so viel Geld für mich aus?"

„Weil ich auch einmal eine Tochter hatte. Sie war so alt wie du, als ich sie verlor."

„Was für ein schöner Ring! Ich werde ihn anstecken, wenn meine Brüder kommen. Wie werden sie sich

freuen!" Sie umarmte die gute Alte und küsste sie
viele Male, so sehr gefiel ihr das Geschenk.

Als sie aber in ihr Zimmer kam, war ihre Neugier
doch zu groß, und sie beschloss, den Ring zumindest
einmal aufzuprobieren. Sie steckte ihn sich an den
Finger und … sank mit einem Seufzer, der sich
anhörte, als würde sie ihr Leben aushauchen, ohnmächtig zu Boden.

Bei Sonnenuntergang kehrten die Prinzen erschöpft
von der Jagd zurück. Sie hatten an diesem Tag reiche
Beute gemacht und riefen nun nach ihrer Schwester,
um ihr das erlegte Wild zu zeigen. In den oberen
Räumen der Burg blieb alles still. Sie riefen noch
einmal und bekamen wieder keine Antwort. Da
gingen sie hinauf, und die alte Frau folgte ihnen. Wie
erschraken sie, als sie das Mädchen leblos am Boden
liegen sahen! Sie weinten sich die Augen aus dem
Kopf, und die alte Frau vergoss so viel Tränen, wie sie
es selbst bei ihren eigenen Kindern nicht getan hatte.

Viele Tage verbrachten sie in tiefer Trauer, doch sie konnten sich nicht entschließen, Daphne zu begraben, weil sie noch immer an ein Wunder glaubten. Dafür hatten sie auch allen Grund, denn es schien, als ob die Schönheit des Mädchens nicht verblasste, sondern, im Gegenteil, immer größer wurde. Doch die Zeit verging, und Daphne erwachte nicht mehr. Am vierzigsten Tag zimmerten die jungen Männer einen Sarg, versahen ihn mit einem gläsernen Deckel und legten ihre Schwester hinein. Ihr Schmerz war so groß, dass sie nicht länger in der Burg bleiben konnten, deshalb beschlossen sie, weit wegzugehen. Sie schlossen alle Zimmer ab und baten die alte Frau, die Schlüssel in Verwahrung zu nehmen. Der Schlüssel von Daphnes Zimmer aber war über und über vergoldet.

„Werft die Schlüssel ins Meer, Kinder", sagte die gute Alte, „was soll ich damit anfangen? Wenn ich die leeren Zimmer sehe, bricht mir das Herz, und den Anblick des toten Mädchens kann ich erst recht nicht ertragen. Werft sie ins Meer, damit ich sie nicht mehr sehen muss, und lebt wohl."

Die drei Brüder verabschiedeten sich mit Tränen in den Augen und steckten das Schlüsselbund ein, das sie später ins Meer warfen. In der Absicht, nie mehr zurückzukehren, zogen sie in die Fremde, und die arme Alte blieb wieder einmal allein.

Einige Zeit später zog ein Fischer einen Fisch an Land, der war so groß und schwer, dass er beschloss, ihn im Schloss zu verkaufen. Auf dem Weg dorthin traf er den Prinzen, der ihm sofort eine Hand voll Goldstücke für seinen Fang gab. So hatten beide ihr Glück gemacht, nur dass der Prinz von dem seinen noch nichts ahnte. Er brachte den Fisch in die Schlossküche. Als man ihm den Bauch aufschnitt, kam ein eiserner Ring mit vierzig Schlüsseln zum Vorschein, von denen einer vergoldet war. Der Prinz wollte unbedingt erfahren, was es mit seinem Fund auf sich hatte, deshalb befahl er einem Herold, von Haus zu Haus

zu gehen und seine Untertanen nach den Schlüsseln zu fragen. Irgendwann gelangte der Herold auch zu der Burg mit den vierzig Kammern.

„Du brauchst nicht weiterzusuchen, mein Sohn", sagte die alte Frau, „die Schlüssel gehören mir. Ich habe sie ins Meer werfen lassen, weil ich sie nicht mehr haben will."

Der Herold ging zum Prinzen und erzählte ihm, was er erfahren hatte. Aus seinen Worten entnahm dieser, dass die Schlüssel der alten Frau gehörten, die in der Burg mit den vierzig Kammern wohnte, denn es war eben jener Prinz, der die Alte wie eine Mutter liebte.

Er fuhr mit den Schlüsseln zu der Burg und fragte die alte Frau, weshalb sie sie ins Meer geworfen hätte.

Die Alte erzählte ihm alles. Wie sich der liebe Gott ihrer erbarmt habe und ihr vier wundervolle junge Menschen geschickt habe, drei Jungen und ein Mädchen von unbeschreiblicher Schönheit. Wie es dann

gekommen sei, dass sie jetzt genauso einsam wie
zuvor lebte. Sie verschwieg auch nicht, dass in einem
der Zimmer, nämlich in dem, zu dem der goldene
Schlüssel passte, das Mädchen in einem gläsernen
Sarg lag.

„Ich will sie sehen", sagte der Prinz.

„Was nützt das, mein Sohn?", fragte die alte Frau.
„Wenn du sie siehst, wirst du glauben, dass sie nur
schläft, und doch wird sie niemals wieder erwachen.
Es wird dich traurig machen, mein Kind, geh nicht
zu ihr."

Der junge Mann aber hörte nicht auf sie. Er
ging in das Zimmer hinauf, und sobald er Daphne
erblickte, schlug ihm das Herz bis zum Hals. Das
Mädchen in dem gläsernen Sarg war so schön, dass
er keinen Blick mehr von ihr wenden konnte. Der
Gedanke an ihr trauriges Schicksal brachte ihn fast
um den Verstand, doch er fand nicht die Kraft auf-
zustehen, sondern saß nur und schaute. Der Abend

kam, und noch immer konnte er sich nicht von der Stelle rühren.

„Was tust du hier, mein Junge?", fragte die alte Frau. „Im Schloss wird man sich Sorgen machen. Man wird nach dir suchen und dich nirgends finden. Fahr nach Hause, irgendwann wirst du ein Mädchen kennen lernen, das dich glücklich macht."

Der Prinz nahm ihre Worte nicht wahr. Die Nacht verging, und der nächste Tag begann, dann kam wieder eine Nacht, und er saß noch immer in Daphnes Kammer. Am dritten Tag trafen Männer in der Burg ein, die der König aus Sorge um seinen Sohn ausgesandt hatte. Dem Prinzen blieb nun nichts weiter übrig, als ihnen zu folgen. Er schwor sich, niemals mehr zurückzukehren, denn wenn er das schöne Mädchen nur einmal noch wiedersehen müsste, würde er sich neben ihrem Sarg das Leben nehmen. Als er zwei Schritte in Richtung Tür gemacht hatte, zögerte er plötzlich. „Ich will etwas mitnehmen, was mich immer an sie erinnert." Er ging zum Sarg zurück, hob den gläsernen Deckel und zog dem Mädchen den Ring vom Finger... Daphne seufzte und schlug die Augen auf. Dann richtete sie sich auf.

„Ich muss tief und fest geschlafen haben, und dennoch bin ich ganz leicht erwacht", murmelte sie und blickte sich um. Als sie den schönen Prinzen sah, leuchteten ihre Augen auf. Sie erkannte ihn sofort, denn von dem einen Mal, als sie ihn gesehen hatte, hatte sich ihr sein Bild unauslöschlich eingeprägt. Der junge Mann, dem vor Freude die Tränen gekommen waren, ergriff ihre Hand, half ihr aus dem Sarg und schloss sie glücklich in seine Arme. Dann führte er sie zu seiner Kutsche, und Daphne glaubte, dass sie das alles nur träumte, so groß war ihr Glück. Die gute alte Frau verabschiedete sich gerührt von den beiden jungen Leuten. Zum ersten Mal in ihrem Leben machte es ihr nichts aus, allein zurückzubleiben.

Schon am nächsten Tag begannen im Schloss die Hochzeitsvorbereitungen. Man rief die besten Schneider des Landes zusammen, und sie nähten ein Brautkleid aus kostbaren, mit Goldfäden durchwirkten Stoffen. Für das Festmahl wurden unzählige Lämmer und Kälber geschlachtet, königliche Herolde strömten in alle vier Himmelsrichtungen aus, um die Bewohner des Königreiches einzuladen. Es gab einen doppelten Grund zum Feiern. Der Prinz heiratete und bestieg am gleichen Tag den Thron, denn sein Vater fühlte sich zum Regieren schon zu alt. Unter den hohen Gästen, die aus den benachbarten Königreichen eintrafen, war auch Daphnes ehemalige Amme, spätere Stiefmutter und jetzige Todfeindin. Sie hatte die Einladung nicht etwa angenommen, weil sie ihren Pflichten als Königin nachkommen wollte, sondern einzig und allein, um ihre Schönheit von allen bewundern zu lassen. Seit Daphne in dem gläsernen Sarg lag, gab es auf der ganzen Welt keine schönere Frau

als sie. Sie ahnte natürlich nicht, wer die Braut war, und als sie diese dann bei der Hochzeitszeremonie erblickte, stieg eine ohnmächtige Wut in ihr auf, und sie musste sich festhalten, um nicht zu stürzen. Es dauerte jedoch nur einen Augenblick, dann hatte sie sich wieder in der Gewalt. Zunächst einmal durfte niemand sie bemerken, vor allem Daphne nicht. Sie zog sich in eine Ecke der Kirche zurück und versuchte, ihre Gedanken zu ordnen.

„Nur ein Zauber kann mir jetzt weiterhelfen", entschied sie und verließ das Fest.

In der kommenden Nacht tat die böse Königin kein Auge zu. Mit Hilfe ihrer magischen Kräfte präparierte sie ein Mittel, mit dem sie ihre teuflischen Absichten verwirklichen konnte. Schließlich war es vollbracht. Ihr Plan war perfekt. Eine kleine Nadel würde Daphne für immer verschwinden lassen.

Am nächsten Morgen ging sie geradewegs zu der frisch gebackenen Königin. Daphne lag im Garten auf einer Liege. Als sie ihre Stiefmutter erblickte, sprang sie erschrocken auf.

„Hab keine Angst", sagte die böse Frau schmeichelnd. „Ich bin als Freundin gekommen, als gute Freundin. Du hast mir so gefehlt, mein Liebes." Mit diesen Worten umarmte sie das Mädchen, und während dieses noch nach einem Grund für ihre plötzliche Zuneigung suchte, stach sie ihm die zauberkräftige Nadel in den Kopf. Daphne verwandelte sich auf der Stelle in einen Vogel, der ängstlich davonflatterte und in dem dichten Blattwerk des Gartens Schutz suchte.

Kurze Zeit später erklang aus seinem Versteck ein Lied, das so traurig war, dass es jedem, der es hörte, das Herz brechen musste.

Die heimtückische Königin verließ den Garten und kehrte auf ihr Schloss zurück. Als ihr der Spiegel versicherte, dass sie nunmehr die Schönste auf Erden sei, rieb sie sich zufrieden die Hände.

Daphne flog unterdessen als Vogel von Ast zu Ast und zwitscherte betrübt. Der junge König aber war untröstlich, dass er seine Frau verloren hatte. Man suchte Daphne überall, im Schloss, im Garten, in der Stadt und im ganzen Land, doch sie war und blieb wie vom Erdboden verschluckt.

Und im Schlossgarten sang ein Vogel sein wehmütiges Lied, doch niemand beachtete ihn. Wer konnte auch ahnen, dass dieser kleine Vogel Königin Daphne war.

Bis sich eines Tages der Gärtner wunderte. „Was ist das nur für ein Vogel, der so traurig singt", dachte er. „Ich will ihn mir einmal aus der Nähe anschauen." Er ging in die Richtung, aus der der Gesang zu hören war, und sah den Vogel auf einem Ast sitzen.

„Weshalb bist du so traurig, mein Vögelchen", fragte der Gärtner. Er erwartete natürlich keine Antwort, deshalb blieb ihm vor Staunen der Mund offen stehen, als er den Vogel sprechen hörte:

„Mein Kopf tut so weh."

„Was kann ich für dich tun, armes Vögelchen",
fragte der Gärtner, nachdem er sich von seiner Überraschung erholt hatte.

„Sag dem König, dass ich Schmerzen habe."

„Was sollte das nützen?", fragte der Gärtner. Der
Vogel schwieg, als ob er die Frage nicht gehört hätte.

„Verrat mir doch, warum ich es ihm sagen soll!",
bat der Gärtner, doch der Vogel gab keine Antwort.

„Der König wird mich für verrückt halten, liebes
Vögelchen", meinte der Gärtner nachdenklich. Der
Vogel sprach nicht mehr, sondern begann abermals
seinen traurigen Gesang.

Der Gärtner ging mit gesenktem Kopf zu seiner
Hütte.

„Mir scheint, ich bin von allen guten Geistern verlassen", dachte er. „Glaube ich doch tatsächlich, dass der
Vogel mit mir gesprochen hat. Nicht auszudenken,
was passieren würde, wenn ich zum König ginge."

Er wies jeden Gedanken daran weit von sich und legte sich schlafen, denn er glaubte, dass er am nächsten Morgen wieder bei klarem Verstand sein würde. Kaum war er jedoch in der Frühe erwacht, als in seinem Kopf die Worte widerhallten, die er am Abend gehört hatte. Er lief in den Garten hinaus, und da war erneut der Gesang des Vogels zu hören, der jetzt noch trauriger klang als zuvor. Dann erwartete ihn eine neue Überraschung:

„Gärtner des Königs, hör mir zu",

Niemand war zu sehen, nur der Vogel saß auf seinem Ast.

> *„Gärtner des Königs, hör mir zu,*
> *die Speisen brennen an im Nu,*
> *läufst du nicht zu ihm jetzt sofort*
> *und führst ihn hier an diesen Ort."*

„Nun ist es um mich geschehen", stammelte der

Gärtner, „jetzt höre ich schon Stimmen."

> *„Kommt er nicht, um mich zu sehen,*
> *so wird im Schloss noch mehr geschehen,*
> *ein Baum verdorrt, drum spute dich,*
> *die gute Tat, sie rettet mich."*

Der Gärtner, der um seinen Verstand fürchtete, lief auch jetzt nicht zum König, sondern schloss sich in seine Hütte ein, um nichts mehr zu hören und zu sehen.

An diesem Tag blieb der König hungrig, denn in der Schlossküche war das Essen angebrannt. Außerdem verdorrte im Garten ein Baum, nämlich der, auf dem der Vogel saß. Am nächsten Tag geschah das Gleiche, das Essen verbrannte, und ein zweiter Baum verdorrte, doch der König, der sich ganz seinem Kummer hingegeben hatte, achtete nicht weiter darauf. Als sich jedoch am dritten Tag beides wiederholte, ermahnte er den Koch, besser aufzupassen. Gleich darauf ging er in den Garten.

„Weshalb gießt du die Bäume nicht genug?", fragte er den Gärtner.

Diesem blieb nun nichts weiter übrig, als seinem Herrn alles zu erzählen.

„Wo ist dieser Vogel?", fragte der König.

Der Gärtner führte ihn zu der Stelle, wo der Vogel saß. Sein trauriges Lied hörte sich wie ein Schluchzen an. Der König war zutiefst gerührt, denn er musste an seine Frau denken, die auf unerklärliche Weise verschwunden war. „So wird jetzt meine Liebste weinen, wo immer sie auch sein mag", dachte er. Kaum hatte der Vogel den König entdeckt, als er seinen Gesang abbrach. Mit lautem Zwitschern flatterte er um ihn herum und setzte sich auf seine Schulter. Der König streckte zögernd die Finger nach ihm aus, doch der Vogel flog nicht davon, sondern schmiegte sich ohne jede Scheu in die hohle Hand des jungen Mannes.

„Tut dir wirklich der Kopf weh, mein Vögelchen?",

fragte der König und streichelte ihn. Da ertasteten seine Finger den winzigen Stecknadelkopf. „Was ist das?", rief er aus. „Da ist es kein Wunder, dass du Schmerzen hast, mein Kleiner." Er zog die Nadel heraus. Jetzt werdet ihr euch sicher denken können, was geschah. Der Vogel war plötzlich verschwunden, und der König hielt die Hand seiner geliebten Daphne, die schöner als je zuvor vor ihm stand.

„Mein Geliebter", flüsterte sie und fiel ihrem Mann in die Arme. Beiden kamen die Tränen vor Freude, und der Gärtner ließ das eng umschlungene Paar allein und lief ins Schloss, um die gute Nachricht überall zu verbreiten.

Es wurde ein großes Fest gefeiert, denn alle hatten die schöne Königin lieb gewonnen und freuten sich, dass sie wieder da war. Dann begann für das junge Paar eine gute Zeit. Noch bevor ein Jahr vergangen war, brachte Daphne ein hübsches Mädchen zur Welt.

Die böse Stiefmutter ahnte freilich nichts von alledem. Eines Tages putzte sie sich für ein Fest heraus, das in einem benachbarten Königshaus stattfand. Sie betrachtete sich voller Eitelkeit in ihrem Spiegel und malte sich aus, welchen Eindruck sie bei dem Nachbarkönig und seinen Gästen hinterlassen würde. Wie sie dann ihren kostbarsten Schmuck angelegt hatte, fand sie sich schöner als jemals zuvor. Und weil sie ihren Triumph restlos auskosten wollte, fragte sie nach langer Zeit wieder einmal den Spiegel nach seinem Urteil. Als dieser jedoch antwortete, dass Daphne schöner sei als sie, wankte sie, und es wurde ihr schwarz vor Augen. Schaum trat ihr vor den Mund, und in ihrer Rage riss sie sich den Schmuck vom Leib, sodass Perlen, Ohrringe, Armreifen und die Goldstücke, die an ihrem Kleid befestigt gewesen waren, über den Boden rollten. Sie fuhr sich mit beiden Händen in das kunstvoll aufgesteckte Haar und zerrte daran, bis sie ganze Büschel zwischen den Fingern hielt. Wild gestikulierend lief sie im Zimmer auf und ab, dabei rutschte sie auf den Perlen aus und schlug der Länge nach hin. Ihre Nase wurde dick, und ein Auge lief blau an. Jetzt gab es auf der ganzen Welt keine hässlichere Frau als sie, das jedenfalls hätte ihr der Spiegel gesagt, wenn sie ihn danach gefragt hätte, doch sie wagte es nicht. Außerdem hatte sie anderes im Sinn, sie wollte sich an Daphne rächen und sonst nichts. „Ich werde sie vernichten, so leicht kommt sie mir nicht davon", kreischte die Königin und blickte wie irr um sich. Dann rutschte sie abermals aus und fiel hin. „O Gott, mein Bein!" Sie versuchte hochzukommen, doch es war unmöglich. Schließlich stützte sie sich auf einen Stock, biss die Zähne zusammen und stand auf. In ihrer Raserei war es ihr völlig gleich, wie es um sie bestellt war.

Die Königin verbrachte eine schlaflose Nacht. Nicht die Schmerzen hielten sie wach, sondern sie zermarterte sich das Hirn darüber, wie sie Daphne aus dem Weg schaffen konnte, ohne dass jemand etwas davon erfuhr. Und dann heckte sie einen teuflischen Plan aus.

Sie war sich sicher, dass sie Daphne in jenem Königreich wiederfinden würde, wo sie sie zuletzt gesehen hatte. „Ich muss mich schnurstracks auf den Weg machen", dachte sie, doch das war in ihrem Zustand, wo sie ohne Stock keinen Schritt tun konnte, leichter gesagt als getan. „Sie wird mir nicht davonkommen. Auf diesem Stock hier werde ich mich zu ihr schleppen und sie vernichten." Ungewollt fand sie sich vor dem Spiegel wieder, und erst jetzt sah sie, wie sie zugerichtet war. Die geschwollene Nase, ein blutunterlaufenes Auge, große Schrammen auf Wangen und Kinn und kleinere am ganzen Körper, all das entstellte sie bis zur Unkenntlichkeit, von ihrem wirren, strähnigen Haar ganz zu schweigen. Die Königin ließ ihre Wut an dem Spiegel aus oder an ihrem Spiegelbild, wenn man so will, aufgebracht schlug sie auf das Glas ein, bis auch ihre Hände grün und blau anliefen. Irgend-

wann hielt sie dann inne. „Ich will den Spiegel nicht zerbrechen", dachte sie, „denn ich brauche ihn noch, damit er mir sagt, was ich hören will. Jetzt muss ich mich zurechtmachen." Sie nahm braune Farbe und rieb sich das Gesicht damit ein, dann färbte sie sich das Haar kohlrabenschwarz und zog weite, bunte Röcke an. Als sie fertig war, wagte sie noch einen letzten Blick in den Spiegel, der ihr eine dicknasige Zigeunerin zeigte, eine wahre Ausgeburt an Hässlichkeit. „Es ist mir ganz gleich, wie ich aussehe", dachte sie. „Wenn dieses verruchte Weibsstück tot ist, werde ich wieder so schön wie früher sein, und alle Welt wird mich bewundern und achten."

Sie schlurfte in eine Ecke des Zimmers und nahm einen Beutel mit Zauberutensilien an sich. Dann machte sie sich auf den Weg in das Königreich, in dem Daphne lebte.

Als sie dort ankam, gab sie sich als Heilkundige aus und erklärte, dass sie eine Medizin für jede Krankheit wisse. Zufällig war nun die kleine Prinzessin in jenen Tagen weinerlicher als sonst. „Das Kind muss krank sein", dachte Daphne und rief einen Arzt herbei, der ihre Sorgen für unbegründet erklärte. Auch ein zweiter Arzt bestätigte, dass es dem Säugling an nichts fehlte, doch die junge Mutter wollte sich nicht zufrieden geben. Da schlug der König vor, die Zigeunerin um Rat zu fragen. Man führte die fremde Frau in das Zimmer des Kindes. Kaum sah sie Daphne an der Wiege sitzen, so jung und schön wie der frische Morgen, da ergriffen Neid und Bosheit von ihr Besitz, und das Blut stieg ihr zu Kopf. „Dieses Mal wirst du mir nicht entkommen", dachte sie, doch sie verbarg ihre Gefühle hinter einem falschen Lächeln und erkundigte sich angelegentlich nach dem Kind, wobei sie tat, als ob sie es untersuchen würde. Dann wandte sie sich rasch wieder Daphne zu, weil sie es nicht erwarten konnte, ihr niederträchtiges Werk zu beginnen.

„Das Kind ist krank", begann sie, „aber du musst

dich nicht sorgen, mein Liebes, es wird wieder gesund. Nimm diese Blätter hier, es sind die Blätter eines Granatapfelbaums, koche sie und trinke den heißen Sud."

„Ich?", fragte Daphne verwundert.

„Gute Frau, dein Kind ist schwer krank, also tu, was ich dir sage. Wenn du den Sud getrunken hast, darfst du nichts mehr essen. Am Abend geh in den Garten hinunter und such dir eine Stelle, auf die der Mond scheint. Dort wirf diese beiden Granatapfelkerne auf den Boden und tritt fest darauf, mit jedem Fuß auf einen Kern. Es ist wichtig, dass du dich genau an meine Anweisungen hältst. Entblöße deine Brust und lass sie vom Mond bescheinen, während du bis vierzig zählst. Dann geh ins Schloss zurück und stille dein Kind. Wenn du alles richtig gemacht hast, brauchst du mich nicht mehr, wenn nicht, wird nicht nur deinem Kind, sondern auch dir und deinem Mann großes Unglück widerfahren."

Die Zigeunerin warf der armen Königin einen

scheelen Blick zu und verließ das Zimmer. In diesem kurzen Augenblick glaubte Daphne ihre Stiefmutter vor sich zu sehen, und sie erschrak zu Tode. „Ich muss mich zusammennehmen", dachte sie und versuchte, die Fassung wiederzugewinnen. „Am wichtigsten ist jetzt, dass mein Kind gesund wird." Sie wies alle Befürchtungen von sich und beschloss, die Anweisungen der Zigeunerin genau zu befolgen. Wie es ihr die Alte geraten hatte, bereitete sie den Sud zu, trank ihn, und als es Nacht wurde, ging sie in den Garten, der still und friedlich im Mondlicht lag. Sie warf die beiden Granatapfelkerne auf den Boden und trat darauf. Weiter kam sie nicht, denn im selben Augenblick schlugen Wurzeln aus ihren Füßen, und sie konnte sich nicht mehr von der Stelle rühren. Ihr Haar wurde zu grünem Blattwerk, und ehe sie sich's versah, hatte sie sich in einen Granatapfelbaum verwandelt. Das Einzige, was sie noch sah, war die hässliche Zigeunerin, die sich hinter einem Busch verborgen hatte. Auf ihrem Gesicht stand ein höhnisches Lächeln, hinter dem Daphne jetzt deutlich die Züge ihrer Stiefmutter wiedererkannte.

Wenn ihr glaubt, liebe Freunde, dass sich die Zigeunerin damit zufrieden gegeben hätte, so irrt ihr euch. Den nächsten und übernächsten Tag schlich sie, auf ihren Stock gestützt, im Garten umher. Weshalb, nun das werdet ihr bald sehen.

Als der König Daphnes Abwesenheit bemerkte, wurde er vor Kummer fast wahnsinnig. Er suchte sie hier, er suchte sie dort und konnte sie doch nirgends finden. Am nächsten Tag beteiligte sich das ganze Schloss an der Suche nach der jungen Königin, die abermals auf unerklärliche Weise verschwunden war. Auch der Gärtner sah sich im Garten um und stieß dabei auf die Zigeunerin.

„Was ist geschehen?" fragte sie ihn. „Weshalb diese Aufregung im Schloss?"

„Unsere Königin ist seit gestern spurlos verschwun-

den", entgegnete der Gärtner. „Ich kann es einfach nicht fassen! Sie hatte ein gutes Herz und war wunderschön, in meinem ganzen Leben habe ich keine schönere Frau gesehen."

Die Zigeunerin verzog das Gesicht, als sie diese Worte hörte, doch sie beherrschte sich.

„Ja, sie war wirklich schön", sagte sie. „Komm, lass uns gemeinsam suchen. Bist du schon in diese Richtung gegangen?"

„Nein, noch nicht", erwiderte der Gärtner, „aber jetzt, wo du es sagst, können wir es gleich nachholen." Und sie gingen geradewegs auf den Granatapfelbaum zu.

„Nanu!" rief der Gärtner verwundert. „Wie kommt dieser Baum hierher?"

„Weshalb regst du dich so auf?", fragte die Zigeunerin. „Du tust ja gerade, als ob du ihn zum ersten Mal siehst."

„Ich gieße jeden Tag die Bäume im Garten. An

dieser Stelle stand kein Granatapfelbaum, oder ich müsste verrückt sein", beharrte der Gärtner.

„Du wirst nicht drauf geachtet haben", sagte die Frau voller Tücke.

„Ausgeschlossen! Ich kenne jedes Kräutlein in diesem Garten, da soll ich einen ganzen Baum übersehen haben, der Jahre braucht, um so groß zu werden. Nein, ich sage dir, es geschehen seltsame Dinge in diesem Schloss. Erst verschwindet die Königin, dann wächst hier ein Baum aus dem Nichts. Da geht etwas nicht mit rechten Dingen zu."

„Du meinst, dass der Baum durch Zauberei hierher gelangt ist?"

„Hast du vielleicht eine andere Erklärung?"

„Also wenn es stimmt, dass dieser Baum gestern oder vorgestern noch nicht da war, dann liegt ein böser Zauber auf eurem Schloss. Und wenn du willst, dass dieser Zauber gebannt wird – sagtest du nicht, dass auch die Königin auf unerklärliche Weise verschwunden ist – so musst du den Baum fällen und zu Feuerholz verarbeiten."

„Du hast Recht, das werde ich tun. Ich werde den Baum fällen und im Kamin verbrennen und zwar jetzt sofort. Was stehe ich noch hier herum, ich will die Axt holen."

Er lief davon und kehrte mit einer Axt in der Hand zurück. Ohne sich lange zu besinnen, hieb er den Baum um.

Die Zigeunerin freute sich, dass ihre List geglückt war. Sie ließ den Gärtner stehen und schlurfte ins Schloss, denn sie war mit der Aufgabe betraut worden, das Kind zu pflegen, dem es ja in Wirklichkeit an nichts fehlte. Der König ängstigte sich um seine Tochter, weil ihn die Betrügerin in dem Glauben gelassen hatte, dass der Säugling einer besonderen Betreuung bedurfte. Nach dem Verschwinden der Mutter hatte sich die Zigeunerin unentbehrlich gemacht. Man stellte ihr ein Bett ins Kinderzimmer, und sie hatte es nun durchaus nicht eilig, ihren Posten zu verlassen. Zunächst einmal wollte sie sich vergewissern, dass der Baum verbrannt wurde. Erst wenn von Daphne nur noch ein Häufchen Asche übrig war, konnte sie triumphieren. Aus der hässlichen, hinkenden Zigeunerin mit der dicken Nase würde dann wieder eine schöne Königin werden, und der Zauberspiegel würde ihr bestätigen, dass sie die Schönste auf Erden war.

Doch lassen wir nun die Stiefmutter mit ihren bösen Gedanken allein und sehen uns an, was mit dem Baum geschah, mit Daphne also, die jetzt ein Granatapfelbaum war.

Nachdem der Gärtner die Äste entfernt hatte, schleifte er den Stamm bis zu seiner Hütte. Er hatte vor, ihn sofort zu zerkleinern und im Kamin zu verbrennen. „Ich will machen, was die Zigeunerin gesagt hat", dachte der gute Mann. „Vielleicht gelingt es mir auf diese Weise, den Zauber zu lösen, und wer weiß, ob dann nicht auch die Königin wiederkommt." Er nahm die Axt und begann, auf den Stamm einzuschlagen. Plötzlich hörte er eine ängstliche Stimme: „Ach, mein Bein!" Er sah sich um, doch da war niemand. „Ich werde mich geirrt haben", dachte er und setzte seine Arbeit fort. „Nein, nicht, mein Arm!" hörte er es wieder rufen. „Ist das die Möglichkeit! Das Holz redet mit mir. Ich werde mich etwas vorsehen." Er schlug weniger heftig zu. „Nicht, mein Finger!" Der Gärtner wusste nicht, was er davon halten sollte. Er nahm sein Messer und begann damit, behutsam die Rinde vom Stamm zu schälen. Zu seiner Überraschung sah er, wie sich ihm erst ein Arm entgegenstreckte, dann ein Bein, und als er den ganzen Stamm von der Rinde befreit hatte, stieg ein Mädchen heraus. Es war Daphne, die verschwundene Königin. Der Gärtner war vor Freude außer sich. „Die Königin ist wieder da, die Königin ist wieder da!", rief er immer wieder.

„Sei still", sagte Daphne und hielt ihm den Mund zu,

„wenn die Zigeunerin davon erfährt, sind wir beide verloren."

„Die mit der dicken Nase?", fragte der Gärtner.

„Ja, sie ist an allem schuld. Als ich in dem Granatapfelbaum war, hörte ich, wie sie dich überredete, mich zu verbrennen, aber ich konnte nichts tun, um dich davon abzuhalten. Geh jetzt unauffällig zum König, aber verrate ihm nichts. Du musst ihn unter irgendeinem Vorwand hierher locken. Ich kümmere mich inzwischen darum, dass du ihm etwas anbieten kannst."

„Ich soll den König in meine armselige Hütte bitten, wie stellt Ihr Euch das vor?"

„Du hast mich aus dem Stamm befreit und mir damit das Leben gerettet. Jetzt musst du tun, was ich dir sage, damit alles zu einem guten Ende kommt. Lass aber kein Sterbenswörtchen darüber verlauten, was hier geschehen ist."

Der Gärtner machte sich auf den Weg. Als er in die

Nähe des Schlosses kam, verließ ihn aller Mut, und er blieb unentschlossen am Eingang stehen. Kurze Zeit später kam der König in den Garten, und der Gärtner nutzte die Gelegenheit, um mit ihm ins Gespräch zu kommen. Er fragte ihn, was er säen sollte, was er pflanzen sollte, zeigte ihm die Stellen, wo die Bäume verdorrt waren, und führte ihn auf diese Weise immer tiefer in den Garten hinein, bis sie unversehens vor seiner Hütte standen.

„Möge Euch ein langes Leben beschieden sein, mein König", begann er schließlich. „Vergebt mir meine Aufdringlichkeit, doch Ihr steht zum ersten Mal direkt vor der Tür meines Hauses. Es wäre mir eine große Ehre, wenn ich Euch etwas anbieten könnte."

Der König nahm die Einladung bereitwillig an.

Der Gärtner ging ins Haus und holte einen kleinen Tisch und einen Stuhl heraus. Dann brachte er einen Teller mit einem festen Gelee aus frischem Most und verschwand noch ein drittes Mal in der Hütte, um Wasser zu holen. Der König kostete von dem Mostbrot, doch kaum hatte er den ersten Bissen genommen, als er etwas Hartes zwischen den Zähnen spürte. Es war ein Ring, und als er ihn sich genauer besah, erkannte er ihn, und sein Herz begann schneller zu schlagen. In diesem Moment erschien der Gärtner mit dem Wasser.

„Sag mir, guter Mann, wer hat das Mostbrot zubereitet?" fragte er ihn.

„Ein armes Mädchen, das ich wie eine Tochter liebe", sagte der Gärtner und rief ins Haus hinein: „Komm, mein Kind, der König möchte dich kennen lernen."

Daphne erschien auf der Türschwelle, und der König sprang von seinem Stuhl auf. Im nächsten Augenblick lagen sie einander in den Armen, und die Tränen stürzten ihnen aus den Augen.

„Wohin bist du so plötzlich verschwunden?", fragte

der König, nachdem sie eine Weile schweigend beieinander gestanden waren.

Daphne erzählte ihm alles. Dass die Zigeunerin mit der dicken Nase keine Zigeunerin, sondern ihre böse Stiefmutter war, die sie töten wollte. Sie erzählte, wie sie in einen Granatapfelbaum verwandelt wurde und verbrannt wäre, wenn der gute Gärtner sie nicht gerettet hätte.

Der König fand keine Worte, und als er genug gehört hatte, lief er ins Schloss, wo er seine Tochter schon von weitem schreien hörte. Die Zigeunerin schlief tief und fest neben dem Bett des Säuglings. Da rief er die Wachen herbei und befahl ihnen, was mit der bösen Frau geschehen sollte. Die Männer packten die Zigeunerin, wie sie dort lag, und trugen sie mit Bettzeug und Kissen auf den höchsten Turm des Schlosses, das an einem Abhang erbaut war. Von dort stürzten sie sie in die Tiefe und warfen ihr Stock und Beutel hinterher. Nichts war von ihr mehr zu

sehen, nicht einmal das kleinste Härchen.

Dann holte der König seine Frau ins Schloss, und Daphne nahm ihr Kind auf den Arm, das strahlend die Händchen nach ihr ausstreckte. Die schlimmen Tage waren für sie nun ein für alle Mal vorbei. Das Glück hielt Einzug im Schloss, und es war größer als jemals zuvor. Das junge Paar bekam noch mehr Kinder, und es lebte vergnügt und in Freuden. Wenn im Schloss Feste gefeiert wurden, was häufig geschah, dann waren sie alle wieder beisammen: Der Gärtner und Daphnes Brüder, die man aus der Fremde geholt hatte, die gute Köchin und die alte Frau aus der Burg mit den vierzig Kammern, die nun nicht mehr allein war. Und bei den größten Festen hat man auch mich nicht vergessen, denn ich verstand mich darauf, die Gäste mit meinen Geschichten und meiner Bouzouki zu unterhalten. Der König zeigte mir stets, wie sehr er mich schätzte, und ob ihr es nun glaubt oder nicht, er war manchmal so mit meinem Vortrag zufrieden, dass er von seinem Teller das beste Stück Fleisch für mich aussuchte und den Dienern auftrug, es mir zu bringen.

Und wenn ihr es mir nicht glaubt, dann ist das euer gutes Recht, denn

Märchen sind
Erfunden und doch wahr.

Ausgeherrschet hat die Sonne

Ausgeherrschet hat die Sonne,
Zu dem Führer kommt die Menge:
Auf, Gesellen, schöpfet Wasser,
Teilt euch in das Abendbrot!
Lamprakos du aber, Neffe,
Setze dich an meine Seite:
Trage künftig diese Waffen,
Du nun bist der Kapitan.
Und ihr andern braven Krieger,
Fasset den verwaisten Säbel,
Hauet grüne Fichtenzweige.
Flechtet sie zum Lager mir;
Führt den Beichtiger zur Stelle,

189

Daß ich ihm bekennen möge,
Ihm enthülle, welchen Taten
Ich mein Leben zugekehrt:
Dreißig Jahr bin Armatole,
Zwanzig Jahr ein Kämpfer schon:
Nun will mich der Tod erschleichen,
Das ich wohl zufrieden bin.
Frisch nun mir das Grab bereitet,
Daß es hoch sei und geräumig,
Aufrecht daß ich fechten könne,
Könne laden die Pistolen.
Rechts will ich ein Fenster offen,
Daß die Schwalbe Frühling künde,
Daß die Nachtigall vom Maien
Allerlieblichstes berichte.

Übersetzung: Johann Wolfgang von Goet

190

Der Olympos, der Kissavos

Der Olympos, der Kissavos,
Die zwei Berge haderten;
Da entgegnend sprach Olympos
Also zu dem Kissavos:
„Nicht erhebe dich, Kissave,
Türken – du Getretener.
Bin ich doch der Greis Olympos,
Den die ganze Welt vernahm.
Zwei und sechzig Gipfel zähl' ich
Und zweitausend Quellen klar,
Jeder Brunn hat seinen Wimpel,
Seinen Kämpfer jeder Zweig."

Übersetzung: Johann Wolfgang von Goethe